Pikantes und Herzhaftes mit feinsauren Delikatessen von Kühne

Über 100 Gerichte und Zubereitungstips
mit feinsauren Delikatessen – leicht verständliche Anweisungen –
alle Zutaten im Lebensmittelhandel.

Die Rezepte wurden ausgewählt von Nora Richter.

Mengenangaben für jeweils 4 Portionen, wenn nicht anders angegeben.

Abkürzungen

1 EL	= 1 gestrichener Eßlöffel	ca.	15 g
1 TL	= 1 gestrichener Teelöffel	ca.	5 g
1 MS	= 1 Messerspitze	ca.	2 g
1 cl	= 1 Zentiliter	ca.	10 g
1 dl	= 1 Deziliter	ca.	100 g
1 Tasse	= ca. ⅛ l	ca.	120 g
1 l	= 1 Liter	ca.	1000 g

Pikantes und Herzhaftes mit feinsauren Delikatessen.

Band 3 der Kochbuchreihe von Kühne.
Konzept und fachliche Beratung:
Roswitha Behland-Wördehoff,
Hans-Peter Schmitz.
Redaktion: Ursula della Torre.

Bisher erschienen: Band 1 „Kohl und Kraut", Band 2 „Die besten Saucen zu Fleisch und Salat".
Einen Anforderungscoupon finden Sie auf Seite 72.

Fotos: Carl Kühne KG, Hamburg.

3. Umschlagseite: Griechischer Pilaw zum Rezept 47.
Buchrückseite: Salatschüssel nach Fischer Art zum Rezept Seite 37.
Zeichnungen: Edmund Jeschka, Giengen/Brenz.
Rezepte: Viele Kundinnen und Kunden der Carl Kühne KG.

© 1985 by Verlag Dr. Richter GmbH, 8000 München 82, 2. Auflage 1986.

Lizenzausgabe für Carl Kühne KG, 2000 Hamburg 50.

Nachdruck, auch auszugsweise, sowie jegliche Art der Reproduktion oder anderer Wiedergabe nur mit schriftlicher Genehmigung des Verlages.

Druck: SOV Graphische Betriebe, Bamberg.

Satz: VerlagsSatz Kort GmbH, München.
Printed in W.-Germany.

ISBN 3-923090-46-3.

Inhalt

Feinsaures von Kühne – tafelfertige Gemüse für jede Gelegenheit 4

Sauergemüse – gesund und kalorienarm 5

Feinsaures von Kühne – würzige Vollendung ungezählter Speisen 6
Schlemmertöpfchen 6   Herzhaftes vom Lande 7   Gurken und Gurkenspezialitäten 8   Gartengemüse 9   Feinsaures aus vieler Länder Küche 12

Für das kalte Buffet 14
Quark-Dip mit Preiselbeeren 14   Canapés mit Wildpastete und Preiselbeeren 14   Käsesticks 15   Katerspießchen 15   Garnierte Kräckers 15   Gemüseaspik 16   Gefüllte Schinkenröllchen in Aspik 19   Roastbeefrollen 20   Feinsaure Füllungen 20   Pikante Sellerietörtchen 21   Avocados mit Pinienkernen 21   Bierbrote 22   Pikante Pumpernickelscheiben 22   Gefüllte Eier 23

Vorspeisen und kleine Gerichte 24
Camembert Cocktail 24   Gebackener Camembert 25   Bayerische Brotzeitschnitte 25   Frühlingsbrot 25   Brötchen Friesen Art 26   Pikanter Toast 26   Zwiebeltoast mit Käse und Puszta Salat 26   Hackfleischtoast 29   Beefsteak Tatare nach Art des Hauses 29   Pizzicato Dip 29   Eierkuchen mit Schinkenspeck 30   Eier mit Silberzwiebeln 30   Mexikanisches Rührei 30

Salate 25
Wildsalat mit Preiselbeeren 31   Amerikanischer Maissalat 32   Salat Schlemmertöpfchen 32   Kühne Salatplatte 32   Makkaronisalat 33   Makkaronisalat serbische Art 33   Reissalat 34   Scharfer Käsesalat 34   Lammfleisch-Bohnensalat 35   Rote Bete-, Gurken- und Zwiebelsalat 35   Rote Bete Salat mit Orangen 36   Kieler Salat 36   Salatschüssel nach Fischer Art 37   Straßburger Salat 37

Suppen 38
Bohnensuppe serbische Art 38   Pinienkernsuppe 39   Russische Suppe 39   Saurer Borschtsch 39   Süßsaure Sojakeime-Suppe 40   Pekingsuppe Taifun 40   Feinsaure Krautsuppe 40

Gemüsebeilagen 41
Peperonata 41   Peperonigemüse 42   Gefüllte Auberginen 42   Kürbisgemüse ungarische Art 43   Westindischer Kürbiseintopf 43

Reis, Mais, Kartoffeln und Teigwaren 44
Risotto mit Dalmatia Salat 44   Griechischer Pilaw 47   Maisküchlein mit Mexico Salat 47   Kartoffelpfannkuchen 47   Bauernfrühstück 48   Kartoffelfladen mit Weißkraut Salat 48   Käsespatzen mit Weißkraut Salat 49   Pariser Spatzen mit Puszta Salat 49

Fleisch, Geflügel und Fisch 50
Kalbsschnitzel mit feinsaurem Gemüse 50   Kalbfleischspieße 51   Kalbspüree mit Zimt 51   Leberrisotto 53   Mexikanisches Pfeffersteak 52   Garnierte Bouletten 53   Bulgarische Frikadellen 53   Peperonisteak 54   Rindsragout mit feinsaurem Gemüse 54   Rotes Ragout 57   Bœuf Stroganoff 57   Balkanfilet 58   Schweineragout nach Großmütterchen 58   Schweinsrollen mit Weißkraut Salat 59   Nierenragout mit Gemüse 59   Eisbeinsülze nach Bauernart 60   Djuvetsch/Balkantopf mit Zwiebeln 61   Schweinefleisch mit Kürbis 61   Moussaka/Griechischer Eintopf 62   Lamm-Frikassee auf spanische Art 63   Gegrilltes Lammkotelett mit Puszta Salat 63   Lamm- oder Hammelfleisch mit Auberginen 64   Geschmorte Zwiebeln mit Hammelfleisch 64   Hascheelaibchen 65   Huhn mit Silberzwiebeln, Champignons und Tomaten 65   Fischröllchen 66   Matjesfilet Bornholm 66   Zwiebelfisch 67   Krabben süßsauer dänische Art 67

Desserts 68
Ausgebackene Ananas mit Preiselbeeren 68   Heidelbeer-Bavarois 69   Reisberch 69   Gefüllte Pfannkuchen 70   Thüringische Bratäpfel 70

Anforderungscoupon für Kühne-Kochbücher Band 1 „Kohl und Kraut", Band 2 „Die besten Saucen zu Fleisch und Salat", Band 3 „Pikantes und Herzhaftes mit feinsauren Delikatessen" 72

Feinsaures von Kühne – tafelfertige Gemüse für jede Gelegenheit

„Grüne Schlangengurken, die wenig Kerne haben und fest und frisch sind, werden abgewaschen und mit Salz bestreut zwölf Stunden hingestellt. Dann trocknet man sie gut ab, schichtet sie liegend mit geschnittenem Dill, frischen Lorbeerblättern, Estragon, Meerrettich in Würfel geschnitten, Salz und Pfefferkörnern in einen großen Steintopf, schüttet so viel rohen Weinessig auf, daß die Gurken davon bedeckt sind, gießt denselben nach 11 – 14 Tagen ab, kocht ihn auf, gießt ihn nach dem Erkalten wieder auf die Gurken und deckt dieselben fest zu. Sie werden wie alle eingelegten Gemüse und Früchte am kühlen, trockenen Ort aufgehoben."

Nach diesem Rezept legte die Hausfrau um die Jahrhundertwende Gurken und andere Gemüse ein. Heute haben wir's viel leichter. Wir können Zeit und Arbeit sparen – und trotzdem bestes Sauergemüse genießen. Jeder Lebensmittelhändler hat eine Riesenauswahl von Feinsauren Delikatessen im Angebot, darunter mit Sicherheit auch Ihr Lieblingsgemüse, wie z. B. herzhafte Faßgurken, pikante Cornichons, milde Dillschnitten, zarte Maiskölbchen, würzige Silberzwiebelchen und vieles mehr.

Das Angebot an Feinsauren Gemüsen von Kühne ist umfangreich und erfüllt jeden Wunsch in Vielfalt und Qualität. Je nach Fantasie kann man mit ihnen die unterschiedlichsten Gerichte zaubern. Beliebt sind sie vor allem:

- Zum Garnieren von kalten Braten-, Wurst-, Schinken- oder Käseplatten;
- Zu Salaten, Cocktails, Saucen, Remouladen und süßsauren Gerichten;
- Zum Belegen von Brot, Toast, Pizza;
- Als Beilage zu kurzgebratenem Fleisch wie Schnitzeln, Steaks, Koteletts, Frikadellen;
- Zu Geschnetzeltem, zu Rouladen, zum Fleischfondue und Raclette;
- Zu Gegrilltem, zu Fischgerichten, Eierspeisen, Kartoffelgerichten;
- Zu Tatar und Sülzen;
- Zum Füllen von Fleisch, Geflügel, Fisch, Pfannkuchen, Blätterteig und verschiedenen Gemüsen, wie z. B. Tomaten, Zwiebeln oder Gurken.

Man kann also zu Recht behaupten, daß Saures das ganze Jahr über Saison hat!

Sauergemüse – gesund und kalorienarm

In der modernen Ernährung spielen Sauergemüse eine große Rolle, weil sie viele Vorzüge haben:

- Mit ihrer bunten Vielfalt bringen sie Abwechslung in den Speisezettel und sind für Gaumen wie Auge ein Genuß.
- Sauergemüse haben einen hohen Nährwert, weil sie vitamin- und nährstoffreich sind.
- Sauergemüse enthalten kaum Kalorien. So stecken in 100 g Gewürzgurken nur 92 kJ/22 kcal, in 100 g Mixed Pickles 130 kJ/31 kcal, in 100 g Salz-Dillgurken sogar nur 25 kJ/6 kcal.
- Sauergemüse sind magenfreundlich und helfen, Fettes leichter zu verdauen.
- Sauergemüse sind tafelfertig. Man braucht nur das Glas zu öffnen und das Sauergemüse anzurichten.
- Sauergemüse sind so gut wie unbegrenzt haltbar und deshalb leicht auf Vorrat zu halten. So kann jeder zu jeder Zeit mühelos Schlemmereien auf den Tisch bringen! Ein Tip: Saures kühl servieren!
- Übrigens – auch angebrochene Gläser halten sich im Kühlschrank einige Wochen.

Bei Kühne kommt stets erlesenes und erntefrisches Gemüse ins Glas. Durch einen pikanten oder süßsauren Essigaufguß erhält es dann die spezielle, unverwechselbare Geschmacksnote – kein Wunder, daß jeder Hersteller von Sauergemüse sein Aufgußrezept wie ein Staatsgeheimnis hütet.

Den vielfältigen Verbraucherwünschen kommt Kühne mit allerlei verschiedenen Würzungen und Kräuterbeigaben entgegen.

Natürlich ist der Essigaufguß in der gleichen hohen Qualität wie die Gemüsesorten. Außerdem wird er sozusagen fast minütlich überprüft – eine weitere Garantie für die gleichbleibende Qualität der Sauergemüse. Der Gesetzgeber hat übrigens für Sauergemüse besonders strenge Qualitätsnormen erlassen.

Kühne Sauergemüse enthalten selbstverständlich keine Konservierungsstoffe. Das Gemüse wird haltbar gemacht durch Pasteurisieren, d. h. durch Erhitzen im Wasserbad bis höchstens 100°C, was etwa mit dem häuslichen Einkochen zu vergleichen ist. Dieses Verfahren schont Inhaltsstoffe und Aroma des Gemüses.

Feinsaures von Kühne –
würzige Vollendung ungezählter Speisen

Schlemmertöpfchen

Würzig-süße Azia-Gurken.

Beliebt z. B. zu: Party-Platten, Grillgerichten, kalten Buffets, zu Fleisch- und Fischgerichten, Aufschnittplatten und Heringstöpfchen.

Lieferbar: 580 ml; Füllmenge: 530 g, Abtropfgewicht: 340 g.

Pikant-würzige Gürkchen.

Lieferbar: 580 ml; Füllmenge: 530 g, Abtropfgewicht: 300 g.

Rote Bete Kugeln. Mild gewürzt, junge, zarte, ganze Früchte, geschält.

Beliebt z. B. zu: Bauernfrühstück, zu Kotelett, Grillgerichten, Bratkartoffeln und Heringsgerichten.

Lieferbar: 580 ml; Füllmenge: 520 g, Abtropfgewicht: 350 g.

Kräuterwürzige Zwiebeln.

Beliebt z. B. zu: rustikalem Frühstück, für Partys und Grillabende, als Beilage zu Schinkenbrot, Röstkartoffeln, pikanten Aufschnittplatten, zu Vesperbrot und Kurzgebratenem.

Lieferbar: 580 ml; Füllmenge: 500 g, Abtropfgewicht: 300 g.

Mixed Paprika. Mild gewürzt, aus gelben und roten Paprikaschoten.

Beliebt z. B. zu: Fleischgerichten, zu Gegrilltem und Fondue, als Salat oder Gemüsebeilage, als Garnitur für kalten Aufschnitt oder Rohkostplatten.

Lieferbar: 580 ml; Füllmenge: 500 g, Abtropfgewicht: 260 g.

Herzhaftes vom Lande

Mild eingelegte Gurkenviertel.

Beliebt z.B. für: Kinderpartys, Grillfeste und das schnelle Abendbrot. Zu Käse und Wurstplatten.

Lieferbar: *720 ml; Füllmenge: 670 g, Abtropfgewicht: 360 g.*

Böhmische Gewürzgurken nach Znaimer Rezept.

Beliebt z.B. für: deftige Mahlzeiten und zwischendurch. Zu kalten Platten, Tatar und Käsehappen. Feingehackt für Marinaden und Füllungen.

Lieferbar: *720 ml; Füllmenge: 670 g, Abtropfgewicht: 370 g.*

Aziagurken dänische Art. Süßsauer.

Beliebt z.B. für: Smoerbrot, Sandwich oder zur Schmalzstulle. Zu gebratenem Fisch, Rinderschmorbraten, gekochtem Fleisch und Roastbeef.

Lieferbar: *720 ml; Füllmenge: 670 g, Abtropfgewicht: 420 g.*

Tomatenpaprika ungarisch.

Beliebt z.B.: kalt und warm für allerlei pikante Gerichte. Für herzhafte Saucen, süßsaure Suppen und als Beilage für kalte Platten und Salatteller.

Lieferbar: *720 ml; Füllmenge: 650 g, Abtropfgewicht: 300 g.*

Sellerie. Zarte Scheiben.

Beliebt z.B.: als Salat, für die Salatplatte, zu Kurzgebratenem und als Beilage zum Fondue.

Lieferbar: *720 ml; Füllmenge: 650 g, Abtropfgewicht: 360 g.*

Feinsaures von Kühne − würzige Vollendung ungezählter Speisen

Gurken und Gurkenspezialitäten

Gurkentopf würzige krumme Gurken. Nach altem Hausrezept in herzhaftem Aufguß eingelegt.

Lieferbar: *1.700 ml; Füllmenge: 1.550 g, Abtropfgewicht: 880 g.*

Holsteiner Faßgurken in herzhaft kräftigem Kräuteraufguß.

Beliebt z. B. zu: Schinken oder Aufschnitt, zum Bauernfrühstück oder zum Bier.

Lieferbar: im attraktiven, rustikalen Glasfäßchen:
 1.062 ml; Füllmenge: 970 g, Abtropfgewicht: 550 g.

Moskauer Gewürzgurken mit Borretsch und Koriander.

Lieferbar: *850 ml; Füllmenge: 790 g, Abtropfgewicht: 440 g.*

Gewürzgurken-Auslese im süßsauren Essigsud. Nach alter Art handgepackt.

Beliebt z. B. zum: Garnieren, als Beilage oder aus der Hand.

Lieferbar: *370 ml; Füllmenge: 330 g, Abtropfgewicht: 190 g.*
 720 ml; Füllmenge: 670 g, Abtropfgewicht: 370 g.
 2.650 ml; Füllmenge: 2.450 g, Abtropfgewicht: 1.380 g.

Salz-Dill-Gurken. Delikat und saftig. Milchsauer vergoren, daher naturtrüb.

Lieferbar: *720 ml, Füllmenge: 650 g, Abtropfgewicht: 370 g.*

Cornichons. Scharf gewürzte Essiggürkchen.

Lieferbar: *370 ml; Füllmenge: 330 g, Abtropfgewicht: 190 g.*
 2.650 ml; Füllmenge: 2.450 g, Abtropfgewicht: 1.380 g.

Cocktail-Cornichons extra klein.

Beliebt z. B. zu: Pasteten und Terrinen, zu kalten Braten, zum Fondue und zu Gegrilltem.

Lieferbar: *212 ml; Füllmenge: 180 g, Abtropfgewicht: 110 g.*

Feinsaures von Kühne – würzige Vollendung ungezählter Speisen

Dillschnitten, kräuterwürzige Gurkenscheiben. Süßsauer mit Dill eingelegt.

Lieferbar: *370 ml; Füllmenge: 330 g, Abtropfgewicht: 185 g.*
720 ml; Füllmenge: 670 g, Abtropfgewicht: 360 g.
2.650 ml; Füllmenge: 2.350 g, Abtropfgewicht: 1.320 g.

Schlesische Gurkenhappen. Gurkenscheiben im pikanten Sud, würzig-mild.

Lieferbar: *370 ml; Füllmenge: 330 g, Abtropfgewicht: 185 g.*
720 ml; Füllmenge: 670 g, Abtropfgewicht: 360 g.
2.650 ml; Füllmenge: 2.450 g, Abtropfgewicht: 1.320 g.

Senfgurken. Mild gewürzt mit eingelegten Senfkörnern.

Beliebt z.B. für: Spießchen, Snacks, zu Füllungen und süßsauren Beilagen.

Lieferbar: *370 ml; Füllmenge: 330 g, Abtropfgewicht: 215 g.*
720 ml; Füllmenge: 670 g, Abtropfgewicht: 420 g.
2.650 ml; Füllmenge: 2.450 g, Abtropfgewicht: 1.540 g.
4.250 ml; Füllmenge: 4.000 g, Abtropfgewicht: 2.450 g.

Candy Gurken. Zuckergurken nach Großmutters Rezept.

Lieferbar: *370 ml; Füllmenge: 330 g, Abtropfgewicht: 215 g.*

Gurken und Zwiebeln.

Lieferbar: *370 ml; Füllmenge: 330 g, Abtropfgewicht: 190 g.*

Feinsaures von Kühne – würzige Vollendung ungezählter Speisen

Gartengemüse

Rote Bete zarte Scheiben.

Beliebt z.B. zu: Borschtsch, rotem Heringssalat, Labskaus und zu Frikadellen, Königsberger Klopsen, als Salat, zu Bratkartoffeln und Hackepeter.

Lieferbar: 370 ml; Füllmenge: 330 g, Abtropfgewicht: 220 g.
             720 ml; Füllmenge: 670 g, Abtropfgewicht: 430 g.
           2.650 ml; Füllmenge: 2.450 g, Abtropfgewicht: 1.590 g.
           4.250 ml; Füllmenge: 4.000 g, Abtropfgewicht: 2.550 g.

Silberzwiebeln. Aromatisch eingelegt.

Beliebt z.B. zum: Garnieren von vielen Fleischgerichten, als Beilage und an viele Salate.

Lieferbar: 212 ml; Füllmenge: 170 g, Abtropfgewicht: 110 g.
             370 ml; Füllmenge: 320 g, Abtropfgewicht: 190 g.
           2.650 ml; Füllmenge: 2.400 g, Abtropfgewicht: 1.380 g.

Sellerie. Zart und aromatisch. In Scheiben oder im Feinschnitt.

Lieferbar: 370 ml; Füllmenge: 320 g, Abtropfgewicht: 190 g.
           2.650 ml; Füllmenge: 2.400 g, Abtropfgewicht: 1.380 g.
           4.250 ml; Füllmenge: 3.900 g, Abtropfgewicht: 2.200 g.

Kürbis sonnengereift. Süßsauer und würzig eingelegt.

Beliebt z.B. zu: Wild und Geflügel oder als Salat und Nachtisch.

Lieferbar: 370 ml; Füllmenge: 330 g, Abtropfgewicht: 200 g.
             720 ml; Füllmenge: 670 g, Abtropfgewicht: 400 g.
           2.650 ml; Füllmenge: 2.450 g, Abtropfgewicht: 1.460 g.
           4.250 ml; Füllmenge: 4.000 g, Abtropfgewicht: 2.350 g.

Maiskölbchen.

Beliebt z.B. zu: Kurzgebratenem, Gegrilltem, Fondue und Partyhappen.

Lieferbar: 212 ml; Füllmenge: 180 g, Abtropfgewicht: 110 g.
             370 ml; Füllmenge: 330 g, Abtropfgewicht: 190 g.

Feinsaures von Kühne – würzige Vollendung ungezählter Speisen

Bohnen-Salat. Grüne Bohnen mit feingeschnittenen Zwiebeln.

Beliebt z.B. zu: Fleisch-, Fisch- und Kartoffelgerichten.

Lieferbar: *370 ml; Füllmenge: 330 g, Abtropfgewicht: 190 g.*
2.650 ml; Füllmenge: 2.450 g, Abtropfgewicht: 1.380 g.
4.250 ml; Füllmenge: 4.000 g, Abtropfgewicht: 2.200 g.

Wachsbohnensalat.

Beliebt z.B. zu: Rinderbraten, Rouladen, Gulasch.

Lieferbar: *370 ml; Füllmenge: 330 g, Abtropfgewicht: 190 g.*
2.650 ml; Füllmenge: 2.450 g, Abtropfgewicht: 1.380 g.

Karotten-Salat. Fein geraspelte Karotten.

Beliebt z.B. zu: Rohkostplatten, Fleisch-, Fisch- und Wildgerichten.

Lieferbar: *370 ml; Füllmenge: 330 g, Abtropfgewicht: 190 g.*
2.650 ml; Füllmenge: 2.450 g, Abtropfgewicht: 1.380 g.
4.250 ml; Füllmenge: 4.000 g, Abtropfgewicht: 2.200 g.

Peperoni mild. Zarte, hellgrüne Pfefferschoten.

Beliebt z.B. für: Pizza, Salat, Saucen.

Lieferbar: *370 ml; Füllmenge: 320 g, Abtropfgewicht: 155 g.*

Peperoni feurig. Kleine grüne Pfefferschoten, besonders scharf.

Beliebt z.B. zu: Fleisch- und Gemüsegerichten, zum Würzen von Saucen, für Salate und zum Garnieren.

Lieferbar: *370 ml; Füllmenge: 320 g, Abtropfgewicht: 155 g.*

Feinsaures von Kühne — würzige Vollendung ungezählter Speisen

Feinsaures aus vieler Länder Küche

Dalmatia Salat. In feine Streifen geschnittene Karotten, Sellerie, Tomatenpaprika, Zwiebeln und Weißkraut in mild gewürztem Aufguß.

Beliebt z.B. zu: kurzgebratenem Fleisch oder Fisch, für kalte Platten, zu Gegrilltem, als Vorgericht oder für zwischendurch.

Lieferbar: 370 ml; Füllmenge: 330 g, Abtropfgewicht: 190 g.
2.650 ml; Füllmenge: 2.450 g, Abtropfgewicht: 1.380 g.

Mexico Salat. Goldene Maiskörner und roter und grüner Paprika lieblich gewürzt.

Beliebt z.B. zu: Kurzgebratenem, Gegrilltem, Fischgerichten, Tortillas, Spiegeleiern oder zum Füllen von Tomaten, Paprikaschoten und Gurken.

Lieferbar: 370 ml; Füllmenge: 330 g, Abtropfgewicht: 190 g.
2.650 ml; Füllmenge: 2.450 g, Abtropfgewicht: 1.380 g.

Puszta-Salat. Gurken- und Paprikastreifen scharfwürzig abgeschmeckt.

Beliebt z.B. zu: Kurzgebratenem, Gegrilltem, Bauernfrühstück und Speckeiern.

Lieferbar: 370 ml; Füllmenge: 330 g, Abtropfgewicht: 190 g.
2.650 ml; Füllmenge: 2.450 g, Abtropfgewicht: 1.380 g.
4.250 ml; Füllmenge: 4.000 g, Abtropfgewicht: 2.200 g.

Weißkrautsalat geraspelt, würzig, herzhaft angemacht.

Beliebt z.B. zu: Kasseler, Hackbraten, Bratwürsten und Kartoffelgerichten.

Lieferbar: 370 ml; Füllmenge: 330 g, Abtropfgewicht: 190 g.
2.550 ml; Füllmenge: 2.400 g, Abtropfgewicht: 1.380 g.
4.250 ml; Füllmenge: 3.900 g, Abtropfgewicht: 2.200 g.

Serbischer Bohnensalat. Herzhaft-würziger Salat aus weißen Bohnen.

Lieferbar: 370 ml; Füllmenge: 330 g, Abtropfgewicht: 220 g.
2.650 ml; Füllmenge: 2.450 g, Abtropfgewicht: 1.600 g.

Feinsaures von Kühne – würzige Vollendung ungezählter Speisen

Mixed Pickles. Essiggemüse aus Cornichons, Blumenkohlröschen, Silberzwiebeln, Maiskölbchen, Tomatenpaprika und Möhren.

Beliebt z.B. zu: Fondue, Gegrilltem, Raclette, als Hors d'œuvre und Salat.

Lieferbar: *370 ml; Füllmenge: 330 g, Abtropfgewicht: 220 g.*
            2.650 ml; Füllmenge: 2.450 g, Abtropfgewicht: 1.590 g.

Tomatenpaprika. In Streifen, mild eingelegt.

Beliebt z.B. zu: Gegrilltem, Fleischfondue, Frikadellen und Rouladen, Omeletts, Bauernfrühstück, auf Brot und Pizza, als Zutat im Gulasch, Salat und in Saucen.

Lieferbar: *212 ml; Füllmenge: 170 g, Abtropfgewicht: 95 g.*
            370 ml; Füllmenge: 320 g, Abtropfgewicht: 165 g.
            2.650 ml; Füllmenge: 2.400 g, Abtropfgewicht: 1.110 g.
            4.250 ml; Füllmenge: 3.900 g, Abtropfgewicht: 1.800 g.

Für das kalte Buffet

Quark-Dip mit Preiselbeeren

200 g Magerquark	**2 TL mittelscharfer Senf**
5 EL Milch	**Salz, Zucker**
2 EL Preiselbeeren aus dem Glas	

Quark mit Milch verrühren. Preiselbeeren und Senf unterheben, mit Salz und Zucker abschmecken.

Schmeckt zu kaltem Rindfleisch oder Geflügel.

Canapés mit Wildpastete und Preiselbeeren

Weizenbrotscheiben, Butter	**1 TL Weinbrand**
80 g Wildpastete aus der Dose	**Preiselbeeren aus dem Glas**

Mit einer runden Ausstechform aus den Brotscheiben Taler ausstechen. Butter erhitzen, Brottaler von beiden Seiten darin goldbraun braten. Auf Küchenkrepp abkühlen lassen.

Wildpastete mit Weinbrand verrühren und kalt stellen. Dann in einen Spritzbeutel mit gezackter Tülle füllen und auf die Brottaler spritzen.

Canapés mit Preiselbeeren garnieren.

Käsesticks

Käse in Würfel schneiden und nacheinander aufspießen:

Aziagurke – Bavaria Blue
Cocktail Cornichons (fächerartig geschnitten) – Tilsiter
Dillschnitte – Emmentaler
Kürbis – Harzer Käse
Paprikastreifen – Gouda
Rote Bete Kugel – Brie
Senfgurke – Edamer
Silberzwiebel – Cambembert
Tomatenpaprika – Danablue

Katerspießchen

Nacheinander aufspießen:

Tomatenpaprika – Silberzwiebel – Senfgurke
Silberzwiebel – Cornichons
Geräucherter Bückling – Kürbiswürfel
Sardellenfilet – Rote Bete Kugel
Silberzwiebel – Gerollte Cervelatscheibe
Aziagurke – Mixed Paprika-Streifen in Salami gewickelt
Silberzwiebel – Maiskölbchen in Schinken gewickelt
Paprikastreifen – Dillschnitte – kleine Fleischbällchen
Cocktail Cornichons – 1 Stück saurer Hering

Garnierte Kräckers

250 g Speisequark	**Paprika edelsüß**
3 EL Salat-Mayonnaise	**2 TL gemischte Kräuter feinhacken**
Salz	**etwa 25 Kräckers**

Speisequark mit Crème fraîche verrühren, mit Salz und Paprika abschmecken und Kräuter unterrühren.
Creme in einen Spitzbeutel mit gezackter Tülle füllen und auf Kräckers spritzen.

Für das kalte Buffet

Gemüseaspik

1 kleinen Kopf Blumenkohl putzen und in Röschen teilen

300 g Zuckererbsen auspalen

Salzwasser

½ l trockener Weißwein

Salz, Pfeffer

12 Blatt weiße Gelatine ca. 10 Minuten in kaltem Wasser einweichen

100 g Champignons waschen, abtrocknen und mit Zitrona beträufeln

1 Bund Radieschen halbieren

12 grüne Oliven halbieren

4 Tomatenpaprika aus dem Glas abtropfen lassen und in Streifen schneiden

1 – 2 Bund Petersilie, Blätter von den Stielen zupfen

1 EL grüne Pfefferkörner

Blumenkohlröschen in kochendem Salzwasser 10 Minuten garen, herausnehmen, kalt abschrecken und abtropfen lassen. Erbsen 3 Minuten im Salzwasser blanchieren, abgießen, kalt abschrecken und abtropfen lassen.

Wein mit ½ l Gemüsebrühe verrühren, abschmecken mit Salz und Pfeffer und einige Minuten durchkochen.

Brühe durch ein Passiertuch seihen, ausgedrückte Gelatine darin auflösen und kühl stellen. Sobald die Flüssigkeit zu gelieren beginnt, in eine kalt ausgespülte Schüssel einen Boden gießen, die Schüssel dabei langsam schwenken, so daß auch die Seiten mit einer Aspikschicht überzogen werden. Im Kühlschrank fest werden lassen.

Auf diesen Spiegel eine weitere Schicht Aspik gießen, das Gemüse dekorativ darauf anrichten und mit Petersilienblättchen und Pfefferkörnern garnieren. Mit Aspik begießen und zum Festwerden in den Kühlschrank stellen. Auf die erkaltete feste Schicht nun die nächste Gemüseschicht füllen und so weiter, bis die Schüssel gefüllt ist.

Zuletzt mit Aspik glatt zugießen und bis zum Servieren in den Kühlschrank stellen. Kurz vor dem Servieren die Schüssel kurz in heißes Wasser tauchen, Aspik mit einem spitzen Messer vom Rand lösen und stürzen.

Mit Remouladen-Sauce dänische Art und Bratkartoffeln servieren.

Abbildung gegenüberliegende Seite:
Gemüseaspik zum Rezept auf dieser Seite.

Gefüllte Schinkenröllchen in Aspik

2 Päckchen gemahlene, weiße Gelatine mit

6 EL entfetteteter Fleischbrühe anrühren und 10 Minuten quellen lassen

¾ l Fleischbrühe zum Kochen bringen

2 EL Weißweinessig

Worcestersauce

Salz, Pfeffer

250 g Fleischsalat

5 Scheiben gekochten Schinken

2 Eier hartkochen, pellen, in Scheiben schneiden

etwas Petersilie

1 Gewürzgurke längs halbieren, in Scheiben schneiden

einige Salatblätter

Rote Bete Kugeln

Maiskölbchen

Mixed Pickles

Gelatine in die kochende Brühe geben und so lange rühren, bis sie gelöst ist. Mit Essig, Worcestesauce, Salz und Pfeffer abschmecken.

5 leere Quarktöpfchen mit kaltem Wasser ausspülen und so viel von der Brühe hineingießen, daß der Boden bedeckt ist. Im Kühlschrank erstarren lassen.

Fleischsalat auf Schinkenscheiben verteilen, aufrollen und die Enden gerade schneiden.

Jeweils 2 Eischeiben mit Petersilie auf jedem Aspikspiegel anordnen; darauf Schinkenrollen legen.

Gewürzgurkenscheiben seitlich entlang der Schinkenrollen legen, etwas von der Brühe darüber gießen und im Kühlschrank erstarren lassen. Restliche Brühe auf die Töpfchen verteilen und erneut im Kühlschrank erstarren lassen.

Vor dem Servieren Töpfchen kurz in heißes Wasser halten und Aspik mit einem Messer vom Rand der Töpfchen lösen.

Auf Salatblätter stürzen und mit Rote Bete Kugeln, Maiskölbchen und Mixed Pickles servieren.

Roastbeefrollen

250 g Waldorfsalat

8 Scheiben Roastbeef

4 EL Mayonnaise

½ Glas Mixed Pickles: Inhalt abtropfen, feinhacken

4 Tomaten in Würfel schneiden

Petersilie feinhacken

Waldorfsalat auf Roastbeefscheiben verteilen und die Fleischscheiben aufrollen.

Mayonnaise mit Mixed Pickles und Tomatenwürfeln vermengen und auf einer Platte anrichten. Roastbeefröllchen darauflegen und mit Petersilie bestreuen.

Feinsaure Füllungen

In Avocado
Avocadowürfel vermengen mit kleingeschnittenem Mixed Paprika aus dem Schlemmertöpfchen und in die Avocadoschalen füllen. Ein Sahnehäubchen aufsetzen.

In Gemüsezwiebel
Geschälte Zwiebel 20 Minuten in Salzwasser garkochen, mit Schaumlöffel herausheben, abtropfen und abkühlen lassen. Deckel abschneiden und die Zwiebel aushöhlen. Deckel und Ausgehöhltes feinhacken, mit Puszta Salat vermengen und die Zwiebel damit füllen.

In Gurke
Gurke so schälen, daß von der grünen Schale Streifen stehen bleiben, dann in 3 cm lange Stücke schneiden, aushöhlen und dabei einen Boden stehen lassen. Füllen mit Karotten- oder Mexiko Salat.

In Paprika
Paprika 15 Minuten im vorgeheizten Backofen bei 250° C auf der mittleren Schiene backen, dann vorsichtig häuten, Stielansatz entfernen und längs halbieren. Füllen mit kaltem, gekochtem Reis, vermischt mit Serbischem Bohnen-Salat.

In Tomate
Tomate quer halbieren, aushöhlen, füllen mit Sellerie Salat und mit gehacktem Ei bestreuen.

Pikante Sellerietörtchen

8 Sellerischeiben abtropfen, mit Zitrone beträufeln und mit

Salz bestreuen

einige Salatblätter

1 Ei hartkochen und in kleine Würfel schneiden

1 große Gewürzgurke in kleine Würfel schneiden

100 g gekochten Schinken in Würfel schneiden

100 g Sellerischeiben abtropfen, in kleine Würfel schneiden

150 g Salat-Mayonnaise

Petersilie kleinschneiden

Sellerischeiben auf Salatblättern anrichten. Ei-, Gurken-, Schinken- und Selleriewürfel unter die Salat-Mayonnaise mengen und auf den Sellerischeiben verteilen.
Mit Petersilie garnieren.

Avocados mit Pinienkernen

2 reife Avocados halbieren, entkernen und Fruchtfleisch aushöhlen; Schalen aufbewahren

Saft von 1 Zitrone

Saft von 1 Limone

½ Tasse Pinienkerne grob hacken

1 Tomate in Würfel schneiden, auf Küchenkrepp abtropfen lassen

3 Kräuterwürzige Zwiebeln abtropfen und in dünne Scheiben schneiden

1 Knoblauchzehe auspressen

¼ TL Korianderkörner zerdrücken

Pfeffer

1 TL Worcestersauce

¼ TL Tabasco

Salz

Petersilie, Streifen von milder Peperoni und ganze Pinienkerne

Avocadofruchtfleisch mit Zitronen- und Limonensaft pürieren.
Pinienkerne, Tomatenwürfel, Zwiebel, Knoblauch und Koriander vermengen und mit Pfeffer, Worcestersauce, Tabasco und Salz abschmecken.
In Avocadoschalen füllen und mit Petersilie, Peperoni und Pinienkernen garnieren.

Bierbrote

60 g weiche Butter

1 EL mittelscharfer Senf

1 EL Meerrettich aus dem Glas

4 Scheiben Bauernbrot

1 Zwiebel in feine Würfel schneiden

125 g Thüringer Mett

2 EL helles Bier

Salz, Pfeffer

einige Tropfen Zwiebelwürze

4 Scheiben Schinken

2 Gewürzgurken fächerartig einschneiden

4 Radieschen putzen, waschen

1 Zwiebel in Ringe schneiden

einige Silberzwiebeln abtropfen

2 Maiskölbchen abtropfen

2 Tomatenpaprika abtropfen
Peperoni feurig scharf abtropfen

2 kleine Rettiche in Spiralen schneiden

Petersilie zum Garnieren

Butter mit Senf und Meerrettich verrühren und auf Brotscheiben streichen.

Zwiebelwürfel und Mett mit Bier verkneten und mit Salz, Peffer und Zwiebelwürze abschmecken.

Aus der Mettmasse 4 Bällchen formen und auf jede Brotscheibe 1 Bällchen legen. Schinkenscheiben darübergeben und die Brote mit allen weiteren Zutaten appetitlich belegen.

Mit Petersilienblättchen garniert servieren.

Pikante Pumpernickelscheiben

½ Hering feinwiegen

1 hartgekochtes Ei feinhacken

1 Kräuterwürzige Zwiebel feinhacken

etwas Petersilie feinhacken

2 Maiskölbchen feinwiegen, einige ganz lassen

abgeriebene Zitronenschale

Muskatnuß

Salz, Pfeffer

50 g Butter schaumig rühren

Pumpernickelscheiben

Hering mit Ei, Zwiebel, Petersilie, Maiskölbchen, Zitronenschale, Muskat, Salz und Pfeffer verrühren. Unter die Butter ziehen und auf Pumpernickelscheiben streichen. Mit Maiskölbchen verzieren.

Gefüllte Eier

Eier hartkochen, abschrecken, pellen, der Länge nach halbieren; Eigelb herauslösen und mit
4 – 5 EL Sahne und etwas Salz verkneten.

Mit Tomatenpaprika
Eigelbmasse mit Paprikawürfelchen verkneten, in die Eihälften füllen und mit Cocktailgürkchen garnieren.

Mit Gewürzgurken
Eigelbmasse mit Gurkenwürfelchen verkneten, in die Eihälften füllen und mit Tomatenpaprikastreifen garnieren.

Mit Dillschnitten
Eigelbmasse mit Würfelchen von Dillschnitten verkneten, in die Eihälften füllen und mit Dillspitzen garnieren.

Mit Aziagurken Dänische Art
Eigelbmasse mit Würfelchen von Aziagurken verkneten, in die Eihälften füllen und mit einer fächerförmig geschnittenen Aziagurke garnieren.

Mit Mixed Pickles
Eigelbmasse mit kleingeschnittenen Mixed Pickles verkneten, in die Eihälften füllen und mit einer Silberzwiebel garnieren.

Mit Peperoni feurig scharf oder milde Peperoni
Eigelbmasse mit kleingeschnittenen Peperoni verkneten, in die Eihälften füllen und mit Tomatenpaprikastreifen garnieren.

Mit Cornichons
Eigelbmasse mit Cornichonwürfelchen verkneten, in die Eihälfte füllen und mit einer kleinen Gurke garnieren.

Mit Salz-Dill Gurken
Eigelbmasse mit Gurkenwürfelchen verkneten, in die Eihälften füllen und mit feingehackten, feurig scharfen Peperoni garnieren.

Vorspeisen und kleine Gerichte

Camembert Cocktail

150 g Camembert in Würfel schneiden

1 Zwiebel in Ringe schneiden

1 Glas Mixed Pickles: Inhalt abtropfen, Gurken kleinschneiden

3 EL Mixed Paprika aus dem Schlemmertopf abtropfen und kleinschneiden

Für die Sauce

2 EL Zitrona

Prise Zucker

Salz

Spritzer Tabasco

3 EL Öl

½ Bund Petersilie waschen, abtrocknen und Blättchen abzupfen

In einer Glasschale Käsewürfel, Zwiebelringe, Mixed Pickles und Mixed Paprika vermengen.

Zitrona mit Zucker, Salz und Tabasco verrühren, nach und nach Öl einrühren und abschmecken. Marinade über den Cocktail gießen und mit Petersilienblättchen rundum bestecken.

Dazu dünn mit Kaviar Creme bestrichene Knäckebrotscheiben.

Gebackener Camembert

1 Packung Camembert (nicht zu reif und gut gekühlt) vierteln	Fett zum Ausbacken
1 Ei verschlagen	1 Bund Petersilie waschen und gut trocknen
Semmelbrösel soviel wie nötig	1 Glas Preiselbeeren

Camembertviertel in Ei wenden, fest in Semmelbrösel drücken, dann nochmals in Ei wenden und in Semmelbrösel drücken.
Mit Hilfe eines Holzstäbchens in siedendes Fett geben und schwimmend goldgelb backen (Käse darf nicht auslaufen) oder in der Friteuse fritieren. Danach Petersilienzweige kurz im Fett ausbacken und mit den Preiselbeeren zum Käse servieren.

Bayerische Brotzeitschnitte

4 Scheiben Roggenmischbrot	4 Scheiben Leber-/Fleischkäse in feine Scheiben schneiden
Butter zum Bestreichen	Zum Garnieren
Bayerischer Süßer Senf	Weißkraut Salat

Brot erst mit Butter, dann dünn mit Senf bestreichen, mit Leberkäsescheiben dachziegelartig belegen und mit Weißkraut Salat garnieren.

Frühlingsbrot (1 Portion)

½ Glas Karotten Salat: Inhalt abtropfen lassen	1 Scheibe Brot
	Butter
1 kleinen Apfel schälen, vierteln, entkernen und grob raspeln	100 g Hüttenkäse
Zitronensaft, Apfelsaft	1 Zitronenscheibe, Kresse

Karotten mit Apfelraspeln vermengen, mit Zitronen- und Apfelsaft abschmekken.
Brot mit Butter bestreichen, Hüttenkäse darauf verteilen. Karotten-Apfelsalat darauf und daneben anrichten und mit Zitronenscheibe und Kresse garnieren.

Vorspeisen und kleine Gerichte

Brötchen Friesen Art

4 Rundbrötchen halbieren	200 g Lachsschnitzel
Butter zum Bestreichen	Dillspitzen
Holsteiner Faßgurken in Scheiben schneiden	

Brötchenhälften mit Butter bestreichen, mit Gurkenscheiben belegen, Lachsschnitzel darauf verteilen und mit Dillspitzen garniert servieren.

Pikanter Toast

1 Glas milde Peperoni: Inhalt abtropfen, in kleine Würfel schneiden	frisch gemahlener Pfeffer
	8 Scheiben Toastbrot toasten
300 g gekochten Schinken in kleine Würfel schneiden	30 g Butter
6 EL Salat-Mayonnaise	½ Kopfsalat zerpflücken

Zwei Drittel der Peperoni mit dem Schinken vermengen, Mayonnaise unterheben und mit Pfeffer würzen.

Toastscheiben buttern, auf Salatblätter legen, Schinkenmasse darauf verteilen und mit restlichen Peperoniwürfelchen garnieren.

Zwiebeltoast mit Käse und Puszta Salat

4 Zwiebel schälen, in Scheiben schneiden	8 Scheiben durchwachsenen Speck ausbraten
wenig Salzwasser, Prise Zucker	Paprika
5 TL Butter	8 Scheiben Käse
8 Scheiben Toastbrot rösten	2 Gläser Puszta Salat

Zwiebeln in Salzwasser mit Zucker und 1 TL Butter zehn Minuten dünsten.

Toastbrote mit Butter bestreichen und Zwiebeln darauf verteilen. Speckscheiben darüberlegen, mit Paprika würzen und mit Käsescheiben abdecken. Im Backofen 6 bis 8 Minuten überbacken. Mit Puszta Salat servieren.

Abbildung gegenüberliegende Seite:
Amerikanischer Maissalat zum Rezept Seite 32.

Vorspeisen und kleine Gerichte

Hackfleischtoast

375 g gemischtes Hackfleisch	Butter
1 Ei, 2 Zwiebeln feinschneiden	2 dicke Scheiben Chester in kleine Würfel schneiden
Salz, Pfeffer, Paprika	
2 EL Tomatenmark	2 Eier mit etwas Wasser verquirlen
8 Scheiben Weißbrot	Semmelbrösel, Öl

Hackfleisch mit Ei, Zwiebeln, Salz, Pfeffer, Paprika und Tomatenmark zu einem Fleischteig verkneten.

Weißbrotscheiben mit Butter bestreichen, Fleischteig darauf verteilen und Käsewürfel hineindrücken.

Brote in Ei und Semmelbröseln wenden und in einer großen Bratpfanne in heißem Fett von beiden Seiten goldbraun braten.

Dazu schmeckt Dalmatia Salat.

Beefsteak Tatare nach Art des Hauses (1 Portion)

Auf einem großen Teller 150 g Beefsteakhack anrichten. In die Mitte vom Hack eine Vertiefung eindrücken und 1 Eigelb hineingeben.

Dazu aus der Tube: Senf oder Meerrettich, Paprikamark, Kaviar Creme.

Aus dem Glas: Remouladen Sauce, Silberzwiebeln, Cornichons, Tomatenpaprika.

Außerdem: Salz, schwarzer Pfeffer, Paprika, Worchestersauce.

Pizzicato Dip

2 Frischrahmkäse	2 EL grobgehackte Mixed Pickles
4 EL Mixed Pickles Flüssigkeit	etwas geriebene Zwiebel

Frischrahmkäse mit Mixed Pickles Flüssigkeit cremig rühren, Mixed Pickles und geriebene Zwiebel unterrühren.

Für Fondue oder zu gegrilltem Fleisch.

Abbildung gegenüberliegende Seite:
Kieler Salat zum Rezept Seite 36.

Vorspeisen und kleine Gerichte

Eierkuchen mit Schinkenspeck

250 g Weizenmehl	⅛ l Mineralwasser
4 Eier	150 g Margarine
Salz	200 g Schinkenspeckscheiben
⅜ l Milch	1 Glas Wachsbohnensalat

Mehl in eine Schüssel sieben, in die Mitte eine Vertiefung drücken. Eier mit Salz, Milch und Mineralwasser verschlagen, etwas davon in die Vertiefung geben und von der Mitte aus mit Mehl verrühren. Nach und nach die übrige Eierflüssigkeit dazugeben, darauf achten, daß keine Klumpen entstehen.

Margarine in Bratpfanne erhitzen, Schinkenspeck darin bräunlich braten, eine dünne Lage Eierkuchenteig darauf verteilen und von beiden Seiten goldgelb backen. Bevor der Eierkuchen gewendet wird, etwas Margarine in die Pfanne geben. Nach und nach alle Eierkuchen backen. Mit Wachsbohnen Salat servieren.

Eier mit Silberzwiebeln

5 Scheiben Speck in dünne Streifen schneiden	¼ Glas Silberzwiebeln: Inhalt abtropfen
8 Eier aufschlagen	2 Bund Petersilie feinschneiden
	Salz, Pfeffer

Speck in einer großen Pfanne anbraten. Eier, Silberzwiebeln, Petersilie zugeben und stocken lassen. Mit Salz und Pfeffer abschmecken. *Dazu grünen Salat.*

Mexikanisches Rührei

2 EL Öl oder Margarine	1 Schuß Chilisauce
3 EL feingehackte Zwiebel	6 Eier leicht schlagen
1 Tomate überbrühen, schälen und kleinhacken	Salz, Pfeffer

Öl erhitzen und Zwiebel glasig braten. Tomaten und Chilisauce zugeben und 3 Minuten weiterbraten. Eier langsam hineinrühren und so lange auf kleiner Flamme lassen, bis die Eier fest geworden sind. *Mit Mexico Salat servieren.*

Salate

Wildsalat mit Preiselbeeren

250 g Wildbratenreste in Streifen schneiden

125 g gedünstete Pfifferlinge, kleine ganz lassen, große halbieren

2 EL Silberzwiebeln aus dem Glas abtropfen

200 g Lauch (nur das Weiße) in Scheiben schneiden

Für die Sauce

3 – 4 EL Rotweinessig

6 EL Öl

1 TL mittelscharfer Senf

einige Tropfen Tabasco

Salz, schwarzer Pfeffer

Außerdem

4 EL Preiselbeeren

In einer Schüssel Fleisch, Pilze und Zwiebeln vermengen. Lauch in kochendem Salzwasser 3 Minuten blanchieren, mit kaltem Wasser abschrecken, abtropfen und zum Salat geben.

Salatsauce anrühren und abschmecken, über den Salat gießen und vermengen. 10 Minuten durchziehen lassen.

In Portionsschalen anrichten und jede Portion mit Preiselbeeren vollenden.

Amerikanischer Maissalat

1 Dose (325 g) Goldmaiskörner: Inhalt abtropfen	Für die Sauce
	3 EL Essig
1 Dose (325 g) Erbsen: Inhalt abtropfen	einige Spritzer Zitrona
	Salz, weißer Pfeffer
1 Glas (320 g) Silberzwiebeln: Inhalt abtropfen	4 EL Speiseöl
Maiskölbchen aus dem Glas nach Belieben	2 EL Tomaten-Ketchup
250 g gekochten Schinken in Streifen schneiden	

Salatzutaten vermengen. Saucenzutaten verrühren und über den Salat gießen. Durchmischen und bis zum Servieren etwa 5 Minuten durchziehen lassen. Mit Maiskölbchen garnieren.

Oder: Statt Maiskörner rote Kidney-Bohnen.

Salat Schlemmertöpfchen

½ Schlemmertöpfchen würzig-süße Azia-Gurken	½ Schlemmertöpfchen kräuterwürzige Zwiebeln
	1 kleines Glas Rote Bete

Alles abtropfen lassen und kurz vor dem Servieren vermengen.

Als Beilage zu Kurzgebratenem.

Kühne Salatplatte

In die Mitte einer großen Salatplatte zerpflückte Eissalatblätter legen, Salatfix kräuterwürzig darüber gießen und halbierte Eier, mit Paprikastreifen aus dem Glas garniert, darauf anrichten.
Rundum einen Kranz von Karotten Salat – Sellerie Salat – Bohnen Salat – Weißkraut Salat – Rote Bete und Wachsbohnen Salat anordnen.

Makkaronisalat (6 Portionen)

250 g Makkaroni al dente kochen, abtropfen, kleinschneiden	Für die Sauce
	3 – 4 EL Tomatenketchup
1 Glas Puszta Salat: Inhalt abtropfen	2 EL Salatöl
100 g rohen Schinken in Streifen schneiden	Salz, frisch gemahlener Pfeffer
100 g Salami in Streifen schneiden	2 Bund Petersilie feinhacken
100 g Emmentaler in Streifen schneiden	2 Bund Schnittlauch feinhacken
4 Tomaten überbrühen, kalt abschrecken, halbieren, entkernen, in Streifen schneiden	
2 säuerliche Äpfel schälen, vierteln, entkernen, in Streifen schneiden	

Salatzutaten vermengen. Aus den Saucenzutaten eine Marinade rühren, zum Salat geben, unterheben, gut durchziehen lassen.

Makkaronisalat serbische Art

100 g Makkaroni im Salzwasser ca. 12 Minuten garen, abschrecken	Für die Sauce
	40 g Mayonnaise
6 hartgekochte Eier pellen, kleinhacken	2 EL Tomatenketchup
1 Glas Serbischer Bohnen-Salat	Salz, Zucker
	1 Spritzer Tabasco
2 EL Mixed Pickles abtropfen, kleinschneiden	1 Beet Kresse

Makkaroni, Eier und Bohnen-Salat mit Flüssigkeit und Mixed Pickles vermengen.

Saucenzutaten verrühren und über die Salatzutaten gießen. Durchziehen lassen und mit Kresse bestreut servieren.

Salate

Reissalat

75 g Langkornreis in ¾ l Salzwasser zum Kochen bringen, in 20 Minuten ausquellen lassen, abtropfen, mit kaltem Wasser übergießen, abtropfen lassen	1 Apfel schälen, vierteln, entkernen, in kleine Würfel schneiden
	1 Zwiebel in kleine Würfel schneiden
	50 g Gouda in kleine Würfel schneiden
250 g gekochtes Fischfilet zerpflücken	Für die Sauce
3 Selleriescheiben aus dem Glas abtropfen, in kleine Würfel schneiden	5 EL Salata
	Currypulver

Reis mit Fisch, Sellerie, Apfel, Zwiebel und Gouda vermengen.

Salata und Curry verrühren, über die Salatzutaten geben und gut durchziehen lassen.

Scharfer Käsesalat

250 g Edamer in Streifen schneiden	⅛ l Sahne
125 g Schinkenwurst in Streifen schneiden	2 EL Senf
	Essig
3 Zwiebeln in Würfel schneiden	Salz, Pfeffer
½ Schlemmertöpfchen pikant würzige Cornichons abgetropft in dicke Scheiben schneiden	2 Tomaten in Scheiben schneiden
	Petersilie feinhacken
1 Röhrchen Kapern: Inhalt abtropfen	

Käse, Schinkenwurst, Zwiebeln, Cornichons und Kapern vermengen.

Sahne, Senf, Essig, Salz und Pfeffer zu einer Sauce verrühren und über den Salat gießen. Durchziehen lassen.

Vor dem Servieren mit Tomatenscheiben und Petersilie garnieren.

Lammfleisch-Bohnensalat

400 g gekochtes Lammfleisch (aus der Keule ohne Knochen) in sehr dünne Scheiben schneiden

2 Gläser Wachsbohnen Salat: Inhalt abtropfen, Flüssigkeit auffangen

Lammfleischscheiben 2 Stunden in aufgefangener Salatflüssigkeit marinieren, dann Bohnensalat untermengen.

Oder:

400 g gekochtes Lammfleisch (aus der Keule ohne Knochen in sehr dünne Scheiben schneiden)

2 Gläser Bohnensalat: Inhalt abtropfen, Flüssigkeit auffangen

Für die Sauce

1 TL Senf »Der Feurige«

1 Knoblauchzehe

2 EL Salatflüssigkeit

4 EL Olivenöl

frisch gemahlener weißer Pfeffer

Zum Garnieren

Tomatenscheiben

Radieschen

Lammfleisch in angerührter Salatsauce 2 Stunden marinieren, dann Bohnen untermengen.

In der Mitte einer Salatplatte anrichten, mit Tomatenscheiben und Radieschen umkränzen.

Rote Bete-, Gurken- und Zwiebelsalat

1 Glas Rote Bete: Inhalt abtropfen

½ Schlemmertöpfchen würzig-süße Azia-Gurken

½ Schlemmertöpfchen kräuterwürzige Zwiebeln

Rote Bete mit Gurken und Zwiebeln vermengen.

Zu Tellerfleisch und Bratkartoffeln.

Salate

Rote Bete Salat mit Orangen

2 Gläser Rote Bete: Inhalt abtropfen und in dicke Stäbchen schneiden

Für die Sauce

4 EL Orangensaft

1 EL Olivenöl

2 EL englische Orangenkonfitüre

1 TL mittelscharfer Senf

Außerdem

1 Zwiebel in feine Streifen schneiden

2 Orangen filieren

Salz, Pfeffer

Rote Bete in eine Schüssel geben. Zutaten der Salatsauce verrühren und über die Rote Bete gießen. 1 Stunde im Kühlschrank ziehen lassen.
Dann Zwiebelstreifen und Orangenfilets untermengen und mit Salz und Pfeffer abschmecken.

Als Beilage Toast mit Butter oder Stangenweißbrot.

Kieler Salat

500 g gekochtes Fischfilet zerpflücken

1 Tasse gekochter Reis

1 Glas Mixed Pickles: Inhalt abtropfen, feinhacken

1 kleines Glas Sellerie in Scheiben: Inhalt abtropfen, feinhacken

100 g Champignons feinhacken

4 EL Salat-Mayonnaise

1 Sahnejoghurt

3 EL Essig

1 TL mittelscharfer Senf

Salz, Pfeffer

4 EL Öl

Schnittlauch feinschneiden

Fischstücke zum Reis geben und untermengen. Dann Mixed Pickles, Sellerie und Champignons daruntermengen.

Mayonnaise, Joghurt, Essig, Senf, Salz, Pfeffer und Öl verrühren, über den Salat gießen und unterheben. 30 Minuten ziehen lassen. Mit Schnittlauchröllchen bestreut servieren.

Salate

Salatschüssel nach Fischer Art

350 g **Rote Bete Kugeln** abtropfen

1 **Kästchen Kresse** mit der Schere abschneiden, waschen und abtropfen

3 – 4 **Eier** hartkochen, pellen, längs halbieren

200 g **Shrimps** aus der Dose: Inhalt abspülen und abtropfen

Für die Sauce

1 Tasse **Salatfix** mit Joghurt

3 EL feingeschnittener **Dill**

Rote Bete Kugeln in die Mitte einer großen, flachen Schale häufen.

Kresse um die Rote Bete Kugeln streuen.

Eigelb durch ein Sieb streichen, Eiweiß feinhacken. Beides als Kranz um die Kresse geben, Shrimps als Kranz um die Eier legen.

Salatfix mit Dill verrühren und getrennt zum Salat reichen.

Dazu paßt Vollkornbrot oder Toast mit Butter.

Straßburger Salat

1 kleines Glas **Sellerie** in Scheiben: Inhalt abtropfen, in Würfel schneiden

2 **Äpfel** schälen, entkernen, in Würfel schneiden

375 g geräucherte **Forelle** häuten, entgräten, zerpflücken

Schnittlauch in Röllchen schneiden

Für die Sauce

5 EL **Essig**

1 **Zwiebel** in Würfel schneiden

1 TL **Senf**

Salz, Pfeffer, Zucker

5 EL **Öl**

Sellerie- und Apfelwürfel mit Fischstücken vermengen.

Aus Essig, Zwiebel, Salz, Pfeffer, Zucker und Öl eine Sauce rühren und den Salat damit anmachen. Durchziehen lassen und mit Schnittlauchröllchen bestreuen.

Suppen

Bohnensuppe serbische Art

75 g Schinkenspeck in schmale Streifen schneiden

1 l heiße Fleischbrühe

2 kleine Gläser Serbischer Bohnen-Salat

1 Schlemmertöpfchen Mixed Paprika

einige Spritzer Tabasco

4 EL Sahne

Zum Garnieren

je ½ rote und grüne Paprikaschote in feine Streifen schneiden

Speckstreifen in der Pfanne leicht bräunen, in die heiße Brühe geben und 10 Minuten leicht kochen.
Dann Bohnen und Paprika hinzufügen, mit Tabasco würzen und erhitzen, Hitze abschalten und 10 Minuten ziehen lassen.

Vor dem Servieren Sahne einrühren und mit Paprikastreifen garnieren.

Dazu Bauernbrotscheiben.

Pinienkernsuppe (8 – 10 Portionen)

500 g Pinienkerne	2 Korianderkörner
1 l Milch	2 trockene Pfefferminzblätter
½ l Wasser	2 TL Hühnerbouillon-Konzentrat
5 Kräuterwürzige Zwiebeln abtropfen und in dünne Scheiben schneiden	Pfeffer
	Schnittlauch in Röllchen schneiden

Alle Zutaten bis auf den Schnittlauch vermengen und 20 – 25 Minuten unter gelegentlichem Umrühren köcheln lassen. Dann pürieren, mit Schnittlauch garnieren und warm oder kalt servieren.

Russische Suppe (4 – 6 Portionen)

1 Salatgurke entsaften (Entsafter)	1 Glas Rote Bete: Inhalt abtropfen, Scheiben etwas zerkleinern
3 Becher saure Sahne	2 Eier hartkochen, pellen, kleinhacken
½ Salatgurke in kleine Würfel schneiden	2 Bund Schnittlauch kleinschneiden
je ½ rote und grüne Paprikaschote in kleine Würfel schneiden	Salz, frisch gemahlener Pfeffer

Gurkensaft mit saurer Sahne verrühren; Gurken-, Paprika- und Rote Betewürfel untermengen. Eier und Schnittlauch dazugeben, mit Salz und Pfeffer abschmecken und gut gekühlt servieren.

Saurer Borschtsch

½ Glas Rote Bete, Inhalt abtropfen und kleinschneiden. Mit 250 g Sauerkraut, 1 kleingeschnittenem Bund Suppengrün, 250 g geräuchertem, in Scheiben geschnittenem Kasseler und 150 g durchwachsenem, in Scheiben geschnittenem Speck schichtweise in einen Topf geben, würzen mit 1 Lorbeerblatt, schwarzem Pfeffer und Salz, mit kaltem Wasser übergießen und 1 – 1½ Stunden kochen.

In Suppentassen füllen und vor dem Servieren 1 – 2 EL saure Sahne daraufgeben.

Süßsaure Sojakeime-Suppe (3 Portionen)

250 g Möhren grob raffeln	2 Wiener Würstchen in Scheiben schneiden
30 g Margarine	
1 l Fleischbrühe	1 kleines Glas Tomaten Paprika: Inhalt abtropfen, in Streifen schneiden
1 EL Zucker	
250 g Sojakeime waschen und abtropfen	Sojasauce

Möhren in Margarine andünsten. Fleischbrühe zugießen, mit Zucker würzen und zugedeckt 10 Minuten kochen. Sojakeime, Wiener Würstchen und Paprikastreifen in der Suppe erhitzen (nicht kochen) und mit Salz, Pfeffer und Sojasauce abschmecken.

Pekingsuppe Taifun

3 EL Kürbis aus dem Glas abtropfen und kleinschneiden	Cayennepfeffer
2 EL Joghurt	1 Packung tiefgekühlte Pekingsuppe sauer scharf, nach Vorschrift zubereiten
gemahlener Ingwer	

Kürbis mit Joghurt verrühren und mit Ingwer und Cayennepfeffer abschmecken.

Suppe in vorgewärmte Tassen füllen und je 1 EL Kürbismischung obenauf setzen.

Feinsaure Krautsuppe (1 Portion)

In ¼ l kräftiger Fleischbrühe 2 EL Weißkraut Salat 8 Minuten ziehen lassen, mit Salz und Pfeffer abschmecken.

Oder: Eine helle Einbrenne mit Fleischbrühe aufgießen, 2 EL Weißkraut Salat zugeben und 8 Minuten köcheln. Mit Salz und Pfeffer abschmecken und mit Sahne verfeinern.

Gemüsebeilagen

Peperonata

2 EL Olivenöl

1 Knoblauchzehe auspressen

500 g frische Tomaten häuten, quer halbieren, Kerne entfernen und kleinschneiden

1 kleines Lorbeerblatt nach Geschmack

1 Schlemmertöpfchen Mixed Paprika: Inhalt abtropfen

½ Schlemmertöpfchen Kräuterwürzige Zwiebeln: Inhalt abtropfen und in Scheiben schneiden

frisch gemahlener Pfeffer

In einer Pfanne Öl auf mittlerer Hitze erwärmen, Knoblauch darin 3 Minuten dünsten, Tomaten zugeben, evtl. Lorbeerblatt und 10 Minuten garen.

Mixed Paprika und Zwiebeln hinzufügen, umrühren und auf kleiner Flamme heiß werden lassen. Evtl. mit Pfeffer abschmecken.

Zu Lammkoteletts und Reis.

Variante: Mit Sahne aufgießen.

Peperonigemüse

2 EL Öl	1 Knoblauchzehe mit Salz zerdrücken
1 große Zwiebel in Ringe schneiden	500 g Tomaten überbrühen, abziehen und vierteln
je 250 g rote und grüne Paprikaschoten in Streifen schneiden	Salz, Zucker
4 Peperoni feurig scharf in Streifen schneiden	Oregano
	1 TL Zitronensaft

In heißem Öl Zwiebeln 3 Minuten braten. Paprika, Peperoni und Knoblauch zugeben und bei kleiner Hitze 10 Minuten dünsten. Dann Tomatenviertel dazugeben und 5 Minuten weiterdünsten. Mit Salz, Zucker, Oregano und Zitronensaft würzen.

Gefüllte Auberginen

4 Auberginen 5 Minuten in kochendes Wasser legen, herausnehmen, der Länge nach halbieren und aushöhlen	2 Gewürzgurken in Würfel schneiden
	etwas Fleischbrühe
Salz, Pfeffer	Reibkäse
4 Bratwürste	

Auberginenhälften würzen. Fruchtfleisch kleinschneiden, mit Bratwurstfülle und Gurkenwürfeln vermengen und in die Auberginenhälften füllen.

In eine flache Auflaufform setzen, etwas Fleischbrühe zugießen und zugedeckt 30 Minuten dünsten. Dann dick mit Reibkäse bestreuen und im heißen Backofen 8 Minuten überbacken.

Mit Butterreis servieren.

Kürbisgemüse ungarische Art

30 g Fett	¼ l Sahne
30 g Mehl	1 EL feingeschnittener Dill
1 kleines Glas Kürbis: Inhalt abtropfen, Flüssigkeit auffangen, Kürbisstücke nudelig schneiden	

In einer Kasserolle Fett erhitzen, Mehl darin hellbraun schwitzen, Kürbis hinzufügen und etwas mitrösten. Mit Sahne und etwas Kürbisflüssigkeit aufgießen, Dill zugeben und das Ganze auf geringer Hitze 15 Minuten köcheln.

Beim Servieren einige Löffel kalte Sahne darüber geben.

Dazu Frikadellen reichen.

Westindischer Kürbiseintopf

2 Gläser Kürbis: Inhalt abtropfen, mit Küchenkrepp trockentupfen	2 Knoblauchzehen zerdrücken
	1 EL feingehackte Petersilie
2 EL Mehl	Prise Majoran und Thymian
3 EL Öl	frisch gemahlener Pfeffer
125 g durchwachsenen (ungeräucherten) Speck in Würfel schneiden	¼ l heiße Hühnerbrühe

Kürbisstücke in Mehl wälzen, bis das Mehl aufgebraucht ist.

Auf mittlerer Hitze im Topf Öl erhitzen, Knoblauch und Kürbis darin 10 Minuten braten, Petersilie, Majoran und Thymian mit etwas Pfeffer zugeben und 2 Minuten weiterbraten. Unter gelegentlichem Rühren Hühnerbrühe nach und nach zugießen. Hitze abschalten, Topf halb zudecken und auf der heißen Platte noch ziehen lassen.

Zu Geflügel servieren.

Reis, Mais, Kartoffeln und Teigwaren

Risotto mit Dalmatia Salat

50 g Butter	400 g Rundreis nicht waschen, nur mit einem Tuch abreiben
1 Zwiebel feinhacken	
1 Suppengrün kleinschneiden	ca. 2 l heiße Fleischbrühe
300 g Champignons feinschneiden	geriebener Parmesan
1 EL Tomatenmark aus der Tube mit etwas Brühe verdünnen	2 Gläser Dalmatia Salat

In zerlassener Butter Zwiebel und Gemüse andünsten, Pilze hinzugeben und kurz mitdünsten, Tomatenmark hinzugießen und einige Minuten köcheln.

Reis einrühren, glasig dünsten, soviel heiße Brühe zugießen, daß der Reis knapp bedeckt ist. Sowie die Flüssigkeit aufgesogen ist, wieder zugießen, solange, bis der Reis gar ist.

Im offenen Topf kochen, es soll lebhaft brodeln, dabei nicht umrühren, nur mit dem Kochlöffel am Rand den Reis lösen. Der Reis darf nicht musig sein, jedoch keinen Kern mehr haben.

Mit Parmesan und Dalmatia Salat servieren.

Reis, Mais, Kartoffeln und Teigwaren

Griechischer Pilaw

500 g gekochtes Hammelfleisch in Würfel schneiden	½ Tasse Wasser
1 Zwiebel in Würfel schneiden	375 g Reis in reichlich Salzwasser 15 Minuten kochen, abspülen, abtropfen lassen
Olivenöl	
3 Tomaten in Scheiben schneiden	Salz
2 EL Rosinen waschen	3 EL Joghurt
1 Knoblauchzehe zerdrücken	Mixed Pickles

Hammelfleisch- und Zwiebelwürfel in Öl anbräunen, Tomaten, Rosinen und Knoblauch zugeben. Durchschmoren lassen und dabei Wasser zugießen. Reis unterrühren und erhitzen. Mit Joghurt und Mixed Pickles garnieren.

Maisküchlein mit Mexico Salat

25 g Polentamehl	Salz, Pfeffer
1 dl Milch	Butter zum Ausbacken
1 Ei	2 Gläser Mexico Salat

Polentamehl mit Milch verrühren, aufkochen und andicken lassen. Vom Herd nehmen.

Ei unter die erkaltete Polentamasse rühren, mit Salz und Pfeffer würzen.

Mit einem Eßlöffel kleine Küchlein abstechen und in Butter von beiden Seiten knusprig goldbraun ausbacken.

Mit Mexico Salat servieren.

Kartoffelpfannkuchen

1000 g geriebene Kartoffeln mit 1 geriebenen Zwiebel, Salz, 2 Eiern und 30 g Weizenmehl verrühren. 30 g Fett erhitzen, den Teig eßlöffelweise hineingeben, flachdrücken und von beiden Seiten braun und knusprig backen.

Mit Dalmatia Salat servieren.

Abbildung gegenüberliegende Seite:
Kalbsschnitzel mit feinsaurem Gemüse zum Rezept Seite 50.

Bauernfrühstück

50 g durchwachsenen Speck in Würfel schneiden	4 Eier mit
	⅛ l Milch verschlagen
25 g Margarine	Salz, Pfeffer
450 g Kartoffeln kochen, pellen, abkühlen lassen und in Scheiben schneiden	Paprika edelsüß, Muskat
	125 g Schinkenspeck in Würfel schneiden
½ Glas Perlzwiebeln abtropfen	2 EL Schnittlauchröllchen

Speckwürfel in der Pfanne ausbraten, Margarine zufügen und zerlassen. Kartoffelscheiben hineingeben und rundherum kroß braten. Perlzwiebeln zugeben und kurz mitbraten.

Eiermilch mit Salz, Pfeffer, Paprika und Muskat würzen, Schinkenspeckwürfel dazugeben, über die Kartoffeln gießen und stocken lassen.
Mit Schnittlauchröllchen bestreuen und *mit Bohnen Salat servieren.*

Kartoffelfladen mit Weißkraut Salat

750 g Kartoffeln kochen und schälen	Salz, Muskat
3–4 EL Mehl	Fett zum Ausbacken
3 Eier	2 Gläser Weißkraut Salat

Kartoffeln durch die Kartoffelpresse drücken, mit Mehl und Eiern verkneten und mit Salz und Muskat abschmecken.

Aus dem Teig Kugeln formen, diese dann zu handtellergroßen Fladen flachdrücken und in der Pfanne goldgelb backen.

Mit Weißkraut Salat servieren.

Käsespatzen mit Weißkraut Salat

250 g Mehl	6 Zwiebeln in dünne Scheiben schneiden und in Butter bräunen
2 – 3 Eier	
knappe ⅛ l Wasser	80 g Hartkäse reiben
100 g Butter bräunen	2 Gläser Weißkraut Salat

Aus Mehl, Wasser und Eiern einen zähen Teig zubereiten und durch den Spatzenhobel in kochendes Salzwasser geben. Wenn die Spatzen schwimmen, sind sie fertig.

Herausnehmen und abwechselnd mit gebräunter Butter und geriebenem Käse auf vorgewärmter Platte zu einem Berg aufschichten. Mit Zwiebeln belegen und mit Weißkraut Salat servieren.

Pariser Spatzen mit Puszta Salat

4 Scheiben Weißbrot	Öl
Butter	4 Eier
Tomatenketchup	Salz, Paprika
200 g Kalbsbrät	Schnittlauchröllchen
Curry	2 Gläser Puszta Salat

Weißbrot mit Butter und Tomatenketchup bestreichen und in eine gebutterte Auflaufform legen.

Brät auf die Brote verteilen. Curry mit etwas Öl verrühren und Brät damit überpinseln. Eier daraufschlagen, würzen und im heißen Backofen einige Minuten stocken lassen. Mit Schnittlauchröllchen bestreuen und gleich servieren mit Puszta Salat.

Fleisch, Geflügel und Fisch

Kalbsschnitzel mit feinsaurem Gemüse

4 Kalbsschnitzel waschen, trockentupfen	**½ Glas Tomatenpaprika: Inhalt abtropfen, in Streifen schneiden**
Pfeffer	**1 Glas Silberzwiebeln: Inhalt abtropfen**
Thymian	
3 EL Öl	**1 Glas Maiskölbchen: Inhalt abtropfen**
Salz, Paprika edelsüß	

Fleisch mit Pfeffer und Thymian einreiben und im heißen Öl von jeder Seite 6 – 8 Minuten braten.
Herausnehmen, mit Salz und Paprika würzen und warmstellen.

Tomatenpaprika, Silberzwiebeln, Maiskölbchen und etwas Wasser in den Bratensatz geben und kurz aufkochen.

Zusammen mit den Schnitzeln auf vorgewärmter Platte anrichten und *mit Salzkartoffeln servieren.*

Kalbfleischspieße

4 Kalbsschnitzel flachklopfen, jedes in vier gleichgroße Stücke schneiden	4 dicke Scheiben Parmaschinken, jede Scheibe in 4 Stücke schneiden
Brat-Grill-Senf	16 Salbeiblätter
Pfeffer	20 Kräuterwürzige Zwiebeln aus dem Glas abtropfen
	Knoblauchöl

Fleisch dünn mit Senf bestreichen, pfeffern, mit Schinken belegen und aufrollen. Mit Salbei belegen.

Auf Spieße abwechselnd Fleischröllchen und Zwiebeln stecken. Mit Knoblauchöl einpinseln und Spieße auf dem Grill von jeder Seite etwa 4–5 Minuten grillen. Dabei mehrfach wenden.

Servieren mit *Tomaten Paprika, Mixed Pickles, Maiskölbchen, Cornichons, Puszta Salat.*

Dazu paßt auch:

Kürbispüree mit Zimt

3 Gläser Kürbis: Inhalt abtropfen lassen	25 g Zucker
	½ TL Zimtpulver
25 g Butter	

Kürbis mit dem Schneidestab des Handrührgerätes pürieren.

Butter im Topf schmelzen lassen, Kürbispüree dazugeben und unter Rühren erhitzen, evtl. etwas Einlegeflüssigkeit dazugeben. Püree mit Zucker und Zimt würzen und heiß servieren.

Fleisch, Geflügel und Fisch

Leberrisotto

375 g Reis	400 g Kalbsleber in Würfel schneiden
1 Zwiebel feinhacken	Pfeffer
80 g Kokosfett	50 g Rosinen waschen
1 l Fleischbrühe	50 g Parmesankäse reiben
Salz	

Reis mit Zwiebelwürfeln in 40 g heißem Fett anrösten. Brühe dazugießen, aufkochen, salzen und zugedeckt auf kleinster Flamme etwa 20 Minuten garen.

Leber in restlichem Fett braunbraten, Rosinen zugeben, unterrühren und mit Salz und Pfeffer würzen.

Reis auf eine Platte füllen, Leber darüber verteilen und dick mit Parmesankäse bestreuen.

Dazu Tomatensauce und Aziagurken Dänische Art servieren.

Mexikanisches Pfeffersteak

8 Pfefferkörner grob zerstoßen	4 Paprikaschoten entkernen und in Streifen schneiden
4 Zwiebeln in Scheiben schneiden	
Kokosfett	4 Beefsteaks
	Salz, Pfeffer
	4 EL Tomatenketchup

Pfeffer mit Zwiebelscheiben vermengen und in heißem Fett anbraten. Paprikastreifen zugeben und zugedeckt 20 Minuten dünsten.

Steaks in heißem Fett von beiden Seiten drei bis vier Minuten braunbraten, mit Salz und Pfeffer kräftig würzen und auf einer vorgewärmten Platte anrichten. Paprikagemüse darüberfüllen und mit Tomatenketchup garnieren.

Dazu kleine gebratene Kartoffeln und Mexico Salat servieren.

Garnierte Bouletten

250 g Rinderhack	Salz, schwarzer Pfeffer
250 g Schweinehack	1 Brötchen in ¼ l warmes Wasser einweichen
2 Zwiebeln feinhacken	
1 Ei	2 EL Bratfett

In einer Schüssel Hack mit Zwiebeln, Ei, Salz, Pfeffer und ausgedrücktem Brötchen vermengen und durchkneten. Mit angefeuchteten Händen 8 Bouletten formen.

Auf mittlerer Pfanne heiß werden lassen, Hälfte des Fettes darin erhitzen und 4 Bouletten auf jeder Seite 4 Minuten braten. Herausnehmen, warmstellen und die restlichen Bouletten braten.

Garnieren mit: *Rote Bete, Mixed Pickles, Dillschnitten, Cornichons blättrig geschnitten, Senfgurken, Maiskölbchen, Tomatenpaprika, Weißkraut Salat oder anderen Salaten.*

Bulgarische Frikadellen

400 g Gehacktes vom Lamm	1 Bund Petersilie feinhacken
1 Ei	1 TL Zucker
1 Scheibe Grahambrot mit Wasser einweichen	Salz, schwarzer Pfeffer
	1 EL Öl zum Bestreichen
1 große Zwiebel feinhacken	
1 Knoblauchzehe zerdrücken	

In einer Schüssel Gehacktes mit Ei, ausgedrücktem Brot, Zwiebel, Knoblauch und Petersilie vermengen, mit Zucker, Salz und Pfeffer abschmecken.

Mit nassen Händen aus dem Fleischteig 8 flache Frikadellen formen, Oberseite mit Öl bestreichen, auf den Grillrost legen, unter den vorgeheizten Grill schieben und 10 Minuten grillen, wenden, andere Seite mit Öl bestreichen und weitere 5 Minuten grillen.

Mit Weißkraut Salat und Tomatenpaprika aus dem Glas, gehackten Zwiebeln und Röstkartoffeln servieren.

Fleisch, Geflügel und Fisch

Peperonisteak

20 g Butter	schwarzer Pfeffer
4 EL Tomatenpaprika aus dem Glas abtropfen	Paprika edelsüß, Cayennepfeffer
2 Peperoni feurig scharf abtropfen und hacken	4 Filetsteaks mit dem Handballen leicht flachdrücken und mit Küchenkrepp abtupfen
1 Gewürzgurke feinhacken	4 EL Öl
4 EL Paprika-Ketchup	½ Bund Petersilie zerpflücken
¼ l Fleischbrühe erhitzen	1 Tomate achteln

Butter in einer Pfanne erhitzen, Gemüse darin 3 Minuten dünsten. Paprika-Ketchup und Fleischbrühe hineinrühren, mit Pfeffer, Paprika und Cayennepfeffer würzen. 2 Minuten leise kochen lassen.

Filetsteaks in erhitztem Öl von jeder Seite 3 Minuten braten, herausnehmen, salzen und pfeffern. Auf vorgewärmter Platte anrichten.

Peperonigemüse darübergeben, mit Petersilie und Tomatenachteln garniert servieren.

Dazu körnig gekochter Reis oder Pommes frites.

Rindsragout mit feinsaurem Gemüse (1 Portion)

1 Rindsroulade in feine Streifen schneiden	1 Glas Puszta Salat: Inhalt abtropfen, Flüssigkeit auffangen
2 EL Öl	Salz, frisch gemahlener schwarzer Pfeffer
1 EL Mehl	2 EL süße Sojasauce

Fleisch in heißem Öl scharf anbraten, mit Mehl bestäuben und mit Salatflüssigkeit löschen. 1 Minute durchkochen lassen, dann Puszta Salat zugeben, mit Salz und Pfeffer würzen und 3 Minuten ziehen lassen. Vor dem Servieren mit Sojasauce abschmecken.

Abbildung gegenüberliegende Seite:
Zwiebelfisch zum Rezept Seite 67.

Fleisch, Geflügel und Fisch

Rotes Ragout

175 g gekochtes Rindfleisch in kleine Würfel schneiden	3 Zwiebeln in feine Würfel schneiden
	Salz, Pfeffer
450 g Kartoffeln kochen und mit etwas Sahne zerdrücken	2 EL Butter
½ Glas Rote Bete abtropfen und feinhacken	

Fleischwürfel unter das heiße Kartoffelmus rühren. Falls die Masse zu trocken ist, noch etwas Sahne dazugeben.
Rote Bete und Zwiebeln untermischen, abschmecken mit Salz und Pfeffer.

Fett in einer Pfanne erhitzen, Kartoffelteig darin verstreichen. Bei mäßiger Hitze braten, bis sich eine braune Kruste bildet. Wie ein Omelette wenden und die andere Seite ebenfalls bräunen. Auf vorgewärmter Platte anrichten und vor dem Servieren wie eine Torte aufschneiden.

Dazu paßt grüner Salat.

Bœuf Stroganoff

500 g Rinderfilet quer zur Faser in 2 cm dicke Scheiben, dann in Streifen schneiden	Zitrona, mittelscharfer Senf
	2 Tomaten in Würfel schneiden
Butter	2 kleine Zwiebeln feinhacken
Salz, Pfeffer	125 g Champignons in Scheiben schneiden
⅛ l saure Sahne	2 Gewürzgurken in Würfel schneiden

Filetstreifen in heißer Butter scharf anbraten, auf ein Sieb geben, abtropfen lassen und Fleischsaft auffangen. Fleisch salzen und pfeffern.

Fleischsaft mit Bratensatz und Sahne aufkochen. Sauce mit Zitrona und Senf abschmecken. Tomaten und Zwiebeln kurz mitschmoren.

Champignons in einer zweiten Pfanne in Butter kurz anbraten. Zusammen mit den Gewürzgurkenwürfeln in die Sahnesauce geben und gut durchziehen lassen. Fleischstreifen in die Sauce rühren, erwärmen und sofort servieren.

Dazu Kartoffelkroketten und Salat.

Balkanfilet

500 g Schweinefilet in Streifen schneiden	250 g Champignons in Scheiben schneiden
Salz, Pfeffer	4 Tomaten überbrühen, schälen, vierteln
5 EL Öl, 1 EL Butter	
3 Zwiebeln in Ringe schneiden	1 Salz-Dill Gurke in Streifen schneiden
1 Knoblauchzehe ganz lassen	Rosenpaprika
2 grüne Paprikaschoten in feine Streifen schneiden	Zitrona
	Schnittlauch in Röllchen schneiden

Fleischstreifen in heißem Öl schnell bräunen, herausnehmen und warmstellen.
Butter zum Öl geben, Zwiebelringe und Knoblauchzehe darin andünsten.
Fleisch, Paprikastreifen, Champignons, Tomatenstücke und Gurkenstreifen mischen, alles zu den Zwiebeln geben und 10 Minuten schmoren.
Knoblauchzehe herausnehmen.
Balkan-Filet mit Paprika und Zitrona würzen und mit Schnittlauchröllchen bestreut servieren.

Schweineragout nach Großmütterchen

400 g ausgelösten Schweinenacken in dünne Streifen schneiden	2 EL Tomatenmark
	Salz, Pfeffer, Majoran
3 EL Schweineschmalz	¼ l heiße Fleischbrühe
2 EL Silberzwiebeln aus dem Glas	je ⅛ l süße und saure Sahne
3 Gewürzgurken aus dem Glas in Würfel schneiden	1 Bund Schnittlauch feinschneiden

Das Fleisch portionsweise im rauchend heißen Schmalz scharf anbraten, zuletzt Silberzwiebeln und Gurken mit Tomatenmark zugeben, würzen mit Salz, Pfeffer und Majoran und mit Fleischbrühe aufgießen. Zugedeckt 1 ½ Stunden bei schwacher Hitze schmoren.

Dann Topf vom Herd nehmen und Sahne einrühren. Nochmal erhitzen, ohne zu kochen. Mit Schnittlauch bestreut zu *breiten Nudeln mit Rote Bete Salat und grünen Bohnen servieren.*

Schweinsrollen mit Weißkraut Salat

4 Schweineschnitzel (ca. 1 ½ cm dick) waschen und trockentupfen	50 g Fett zum Bräunen
	¼ l Bouillon
Salz, Pfeffer	Salz, Pfeffer
150 g Schweinsbrät	3 EL Sahne
50 g geräucherten Speck in kleine Würfel schneiden	2 Gläser Weißkraut Salat
2 EL Mehl	

Schnitzelfleisch leicht klopfen und mit Salz und Pfeffer bestreuen.

Schweinsbrät mit Speckwürfeln mischen, mit Salz und Pfeffer abschmecken, auf die Fleischscheiben streichen, einrollen und feststecken, in Mehl wenden und rasch in sehr heißem Fett anbräunen lassen. Mit Fleischbrühe aufgießen und in 20 bis 30 Minuten gardünsten. Herausnehmen.

Sauce abschmecken und mit Sahne binden. Fleischrollen halbieren, Sauce darübergießen und mit Weißkraut Salat und *Eiernudeln oder Spatzen servieren.*

Nierenragout mit Gemüse

500 g Schweinenieren	Tomatenmark, Senf
Mehl, 4 EL Öl	1 Tasse Fleischbrühe
Pfeffer, Rosmarin	1 Joghurt
2 Zwiebeln in Würfel schneiden	2 TL Mehl
1 Bund Suppengrün in Würfel schneiden	2 Holsteiner Faßgurken in Scheiben schneiden

Nieren aufschneiden, das Weiße herausschneiden und Nieren gründlich waschen, abtrocknen, in Scheiben schneiden und in Mehl wenden. In heißem Öl anbraten, mit Pfeffer und Rosmarin würzen.

Zwiebeln und Suppengrün zum Nierenragout geben. Tomatenmark, Senf und Fleischbrühe zufügen, alles 20 Minuten garen. Gurkenscheiben untermengen, erwärmen und *mit Kartoffelbrei und Salat servieren.*

Fleisch, Geflügel und Fisch

Eisbeinsülze nach Bauernart

1000 g Eisbein, Schweineschwänzchen und Schweinepfoten waschen	¼ l Weißweinessig
	Salz
2 Lorbeerblätter	4 Gewürzgurken in Würfel schneiden
1 TL Pimentkörner	2 EL Silberzwiebeln
1 TL Wacholderbeeren	2 EL gehackte Petersilie
2 Zwiebeln vierteln	
1 TL Salz	
Wasser	

Eisbein, Schweineschwänzchen und Schweinepfoten mit Lorbeerblättern, Pimentkörnern, Wacholderbeeren, Zwiebeln und Salz in einen hohen Kochtopf geben und mit soviel Wasser auffüllen, daß das Fleisch bedeckt ist. Die Hälfte des Essigs hinzugießen und zum Kochen bringen. Abschäumen und kochen lassen, bis das Fleisch gar ist (ca. 90 Minuten).

Fleisch von den Knochen lösen, Schwarten und Fett abschneiden, zusammen mit den Knochen nochmals in die Brühe geben, aufkochen lassen, durch ein Tuch gießen und mit dem restlichen Essig und Salz kräftig abschmecken.

Fleisch in Würfel schneiden, mit Gewürzgurkenwürfeln, Silberzwiebeln und Petersilie vermengen, in eine Schüssel geben, Brühe darübergießen und im Kühlschrank erstarren lassen.

Dazu passen Bratkartoffeln und Kräuterdressing.

Djuvetsch/Balkantopf mit Zwiebeln

400 g Zwiebeln grob hacken	125 g Langkornreis
8 EL Öl	einige feste Tomaten in Scheiben schneiden
450 g Schweinefleisch ohne Knochen in große Würfel schneiden	2 grüne und 2 rote Paprikaschoten vierteln, entkernen
Salz, Pfeffer	2 dl Bouillon
100 g geräucherten Speck in Würfel schneiden	2 Gläser Serbischer Bohnen-Salat

Zwiebeln in 5 EL Öl glasig braten, dann Fleischwürfel zugeben und von allen Seiten braunbraten. Mit Salz und Pfeffer würzen.
In einer zweiten Pfanne 2 EL Öl erhitzen, Speckwürfel darin ausbraten. Reis zufügen und unter Rühren glasig und hellbraun anrösten.

In eine mit Öl ausgefettete Auflaufform abwechselnd Fleisch, Reis, Tomaten und Paprika schichten, salzen und pfeffern, mit Gemüse abschließen. Bouillon und Bratflüssigkeit aus beiden Pfannen dazugeben, mit Alufolie abdecken und auf der Mittelleiste des Backofens in 1 ½ Stunden fertiggaren.
Mit Serbischem Bohnen-Salat servieren.

Schweinefleisch mit Kürbis

750 g mageren Schweinenacken waschen, abtrocknen, von Knochen befreien, in schmale Streifen schneiden	3 EL Majoranblättchen hacken
	¼ l Fleischbrühe
	1 ½ Becher (225 g) Sahne
50 g Schweineschmalz	Salz, Pfeffer
375 g Zwiebeln in Scheiben schneiden	2 Gläser Kürbis

Fleischstreifen in heißem Schmalz unter Wenden kräftig anbraten. Zwiebelscheiben dazugeben und mitschmoren. Hälfte des Majorans zum Fleisch geben und mitgaren. Dann Fleischbrühe hinzugießen und das Ganze etwa 20 Minuten schmoren lassen.

Sahne unterrühren, etwas einkochen lassen, restliche Majoranblättchen hinzufügen und das Fleisch mit Salz und Pfeffer abschmecken. Mit Kürbis servieren.

Dazu schmeckt Reis.

Fleisch, Geflügel und Fisch

Moussaka/Griechischer Eintopf

2 Schalotten feinhacken, Öl	½ l Milch
Rosmarin, Majoran, Estragon feinhacken	Salz, Pfeffer
250 g Tomaten überbrühen, abziehen und in Stücke schneiden	1000 g Auberginen in Scheiben schneiden, in Mehl wenden
	1 Zwiebel feinhacken
500 g Lammfleisch ohne Knochen feinhacken	Öl
	2 Gläser Serbischer Bohnen-Salat
40 g Butter	
40 g Mehl	

Schalotten in Öl anbraten, Kräuter und Tomaten zufügen und das Ganze 10 Minuten auf kleiner Flamme dünsten.

Dann Fleisch zugeben, gut durchrühren und zugedeckt ca. 20 Minuten leise köcheln.

Inzwischen die Béchamelsauce aus Butter, Mehl, Milch, Salz und Pfeffer zubereiten.

Auberginen zusammen mit Zwiebelwürfeln in heißem Öl goldbraun backen. Auf Küchenkrepp abtropfen.

Eine Auflaufform mit Öl fetten, mit Auberginenscheiben belegen, darüber Fleisch-Tomatenmischung und die Hälfte der Béchamelsauce füllen, obenauf die andere Hälfte der gebackenen Auberginen, mit Béchamelsauce abdecken und im vorgeheizten Backofen gratinieren.

Mit Serbischem Bohnen-Salat servieren.

Lamm-Frikassee auf spanische Art

½ l Fleischbrühe	½ Schlemmertöpfchen Mixed Paprika abtropfen
750 g Lammfleisch ohne Knochen (aus der Keule) in 3 cm große Würfel schneiden	12 schwarze Oliven halbieren und entkernen
1 EL Öl	2 EL Mehl mit Wasser anrühren
1 Knoblauchzehe auspressen	Salz, Pfeffer, Paprika
½ Glas Silberzwiebeln abtropfen	1 Glas Bohnen Salat

Im Topf Fleischbrühe aufkochen, Lammfleischwürfel darin auf kleiner Hitze 45 Minuten kochen.

In einer Kasserolle Öl erhitzen, Knoblauch kurz andünsten, Zwiebeln, Paprika und Oliven zugeben, unterrühren, dann zum gegarten Fleisch geben, Mehl einrühren, aufkochen und 7 Minuten auf kleiner Hitze köcheln. Pikant abschmecken.

Mit Bohnen Salat und *körnig gekochtem Reis* servieren.

Gegrilltes Lammkotelett mit Puszta Salat

4 doppelte Lammkoteletts von je 200 g	30 g Butter
1 Knoblauchzehe zerdrücken	1 EL Tomatenmark
Salz, weißer Pfeffer	1 Glas Puszta Salat

Lammkoteletts mit Küchenkrepp trockentupfen und die Ränder etwas einschneiden. Mit Knoblauch, Salz und Pfeffer würzen.

Butter in einem Saucenpfännchen weich werden lassen und mit Tomatenmark verrühren. Koteletts damit bestreichen.

Unter dem vorgeheizten Grill auf einem Rost auf der mittleren Schiene von beiden Seiten 10 Minuten grillen.

Mit Puszta Salat und *Pommes frites* servieren.

Fleisch, Geflügel und Fisch

Lamm- oder Hammelfleisch mit Auberginen

6 Auberginen schälen, in Scheiben schneiden, mit Salz bestreuen	1000 g Lamm- oder Hammelfleisch in Würfel schneiden
Olivenöl	Salz, Pfeffer
1 Schalotte feinhacken	Öl
6 Tomaten überbrühen, schälen und vierteln	Semmelbrösel
	3 Gläser Serbischer Bohnen-Salat
1 Bund Petersilie feinhacken	

Auberginenscheiben abtropfen und abtrocknen und in heißem Öl mit Schalotte braunbraten. Tomaten und Petersilie zugeben und auf kleiner Flamme dünsten.

In einer anderen Pfanne Öl erhitzen, Fleisch zugeben, anbraten und mit Salz und Pfeffer würzen.

Eine feuerfeste Form fetten und abwechselnd Fleisch und Gemüse einschichten. Mit Gemüse abschließen. Etwas Öl darüberträufeln und mit Semmelbröseln bestreuen. Im vorgeheizten Backofen überbacken.

Mit Serbischem Bohnen-Salat servieren.

Geschmorte Zwiebeln mit Hammelfleisch

100 g durchwachsenen Speck ausbraten	750 g kleine Zwiebeln schälen
	1 TL Zucker
500 g Hammelfleisch in Würfel schneiden	2 EL Mehl mit
	8 EL Dosenmilch verrühren
Salz, Pfeffer, Paprika	
½ l Fleischbrühe	

Im Speck Fleischwürfel bräunen. Mit Salz, Pfeffer und Paprika würzen. Fleischbrühe zugießen und das Fleisch 20 Minuten darin schmoren.

Dann Zwiebeln zugeben, mit Zucker abschmecken und das Ganze weitere 20 Minuten garen.

Zum Schluß Sauce mit Mehlmilch binden.

Dazu Reis und Puzsta Salat servieren.

Hascheelaibchen

250 g Fleischreste feinwiegen oder durch den Fleischwolf drehen

2 altbackene Brötchen in kaltem Wasser einweichen und ausdrücken

1 – 2 Eier

1 Zwiebel feinschneiden

Salz, Pfeffer

abgeriebene Schale einer ½ Zitrone

etwas Majoran

Petersilie feinhacken

Fett zum Ausbacken

2 Gläser Weißkraut Salat

Fleisch mit Brötchen vermengen, Eier und Zwiebelwürfel untermischen, mit Salz, Pfeffer, Zitronenschale, Majoran und Petersilie würzen.

Aus dem Fleischteig Laibchen formen und im heißen Fett von beiden Seiten durchbraten.

Mit Weißkraut Salat servieren.

Huhn mit Silberzwiebeln, Champignons und Tomaten (6 Portionen)

1500 g Huhn in Stücke schneiden

Salz, Pfeffer

12 Silberzwiebeln abtropfen

16 mittelgroße Champignons

3 Tomaten in Viertel schneiden

2 EL Butter

2 EL gehackter Dill

Hühnerstücke mit Salz und Pfeffer einreiben. Die Hälfte davon in eine 2-Liter-Bratpfanne mit Deckel geben. Hälfte des Gemüses um die Fleischstücke verteilen, mit 1 EL Butterflocken belegen und mit Salz, Pfeffer und 1 EL Dill würzen.

Restliche Hühnerstücke auf die erste Schicht verteilen. Zweite Hälfte des Gemüses beigeben. Dill und Butterflöckchen darüberstreuen. Zugedeckt im Ofen 2 Stunden bei 180°C schmoren. Aus dem Herd nehmen, umrühren, Tomaten zerdrücken und weitere 2 Stunden im Herd ohne Deckel garen.

Fleisch, Geflügel und Fisch

Fischröllchen

4 Scheiben Fischfilet säubern und mit Zitrona beträufeln	4 Scheiben gekochter Schinken
	Mehl
Salz, Pfeffer	1 Ei verquirlen
Tomatenmark	Semmelbrösel
1 EL gehackte Kräuter	Öl

Fischfilets salzen und pfeffern, auf einer Seite mit Tomatenmark bestreichen, mit Kräutern bestreuen und mit Schinkenscheiben belegen. Dann aufrollen und mit Holzstäbchen zusammenstecken.

Nacheinander in Mehl, Ei und Semmelbröseln wenden und im heißen Öl etwa 10 Minuten braten.

Servieren mit Petersilienkartoffeln und Karotten Salat.

Matjesfilet Bornholm

1 säuerlichen Apfel schälen, entkernen, in 4 Scheiben schneiden	4 Matjesfilets
	4 EL Preiselbeeren aus dem Glas
100 ml Weißwein	1 Becher Crème fraîche

Apfelscheiben in erhitztem Wein weichdünsten, aber nicht zerfallen lassen. Im Weißwein erkalten lassen. Abtropfen und auf eine Platte legen.

Matjesfilets aufrollen, jeweils hochkant auf einer Apfelscheibe anrichten. Jeweils 1 EL Preiselbeeren obenauf setzen.

Crème fraîche mit etwas Weißweinflüssigkeit verrühren und kurz vor dem Servieren über die Matjesfilets vertcilen.

Mit gebuttertem Graubrot servieren.

Zwiebelfisch

500 g Zwiebeln in Scheiben schneiden	Salz, Paprika
60 g Margarine	1 Sahnejoghurt
750 g Fischfilet waschen, in 4 Portionen teilen und mit Zitrona beträufeln	Petersilie feinschneiden

Zwiebelscheiben in Margarine andünsten. Fischfilets mit Salz und Paprika würzen, auf die Zwiebeln legen und Joghurt darüber verteilen. Im heißen Backofen etwa 15 Minuten garen, mit Petersilie bestreuen.

Dazu passen Salzkartoffeln und Karotten Salat.

Krabben süßsauer dänische Art

10 g Butter	1 Glas Mixed Pickles
2 Möhren (160 g) in dünne Scheiben schneiden	2 EL Weißweinessig
	2 EL Öl
1 grüne Paprikaschote halbieren, Kerne entfernen und in feine Streifen schneiden	1 EL Sojasauce
	400 g frische Krabben waschen, abtropfen
⅛ l heiße Fleischbrühe	
	1 EL Speisestärke mit Wasser anrühren
1 kleine Dose Ananas: Inhalt abtropfen, Saft auffangen, Fruchtfleisch in Würfel schneiden	Salz, weißer Pfeffer
	1 Bund Dill feinschneiden

Im Topf Butter erhitzen, Möhren und Paprika darin 3 Minuten anbraten, mit Brühe aufgießen. Ananassaft und -würfel und Mixed Pickles dazugeben. Essig, Öl und Sojasauce einrühren, Krabben hinzufügen und alles heiß werden lassen. Speisestärke einrühren, aufkochen lassen und mit Salz und Pfeffer abschmecken.

Mit Dill bestreut *zu Curryreis servieren.*

Desserts

Ausgebackene Ananas mit Preiselbeeren

Für den Teig	Außerdem
175 g Weizenmehl	**500 g Ananasscheiben aus der Dose abtropfen lassen**
2 TL Backpulver	
1 Ei	**Fritierfett**
25 g Zucker	**Zucker**
200 ml Milch	**Zimt**
	Preiselbeeren aus dem Glas

Mehl mit Backpulver in eine Schüssel sieben, in die Mitte eine Vertiefung eindrücken. Ei mit Zucker und Milch verschlagen, etwas davon in die Vertiefung geben, von der Mitte aus Eimilch und Mehl verrühren. Übrige Eimilch so dazugeben, daß keine Klümpchen entstehen.

Ananasscheiben in den Teig tauchen, in siedendem Fett goldgelb backen, auf Kuchenrost abtropfen lassen. Mit Zucker und Zimt bestreuen und in die Mitte Preiselbeeren füllen. Warm *mit Vanillesauce servieren.*

Heidelbeer-Bavarois (6 Portionen)

1 Päckchen gemahlene Gelatine weiß	etwas Zitronensaft
1 Päckchen gemahlene Gelatine rot	6 Eigelb mit
8 EL kaltes Wasser	2 EL lauwarmem Wasser schaumig schlagen
4 Gläser Heidelbeeren	
	½ l Sahne steif schlagen

Gelatine mit Wasser anrühren, 10 Minuten zum Quellen stehenlassen.

Gut die Hälfte der Heidelbeeren mit Zitronensaft verrühren. Gequollene Gelatine unter Rühren bei schwacher Hitze erwärmen, bis sie gelöst ist, lauwarm unter die Heidelbeeren rühren.

Sobald die Heidelbeeren anfangen dick zu werden, Schlagsahne unterheben. Speise in kalt ausgespülte Puddingform füllen, kalt stellen.

Die vollkommen steife Speise auf eine Platte stürzen, nach Belieben mit Schlagsahne und den zurückgelassenen Heidelbeeren verzieren.

Reisberch (Schwaben)

200 g Reis waschen	3 Eier trennen
¾ l Milch	Butter zum Einfetten
60 g Zucker	einige Löffel Heidelbeeren aus dem Glas
3 Päckchen Vanillezucker	
	50 – 60 g Mandeln in Stifte schneiden

Reis mit Milch, Zucker und Vanillezucker weichkochen, kühl stellen, dann Eigelb unterziehen.

Hälfte der Masse auf gebutterte Porzellanplatte streichen, darauf Heidelbeeren geben, übrigen Reis darüberstreichen.

Eiweiß mit Zucker steifschlagen und gleichmäßig über den Reisberch verteilen. Das Ganze mit etwas Zucker und mit Mandelstiften bestreuen.
Platte auf ein Kuchenblech stellen und den Reisberch ca. 20 bis 25 Minuten in mäßig heißem Herd überbacken, bis der Eischnee eine gelbe Farbe annimmt.

Gefüllte Pfannkuchen

4 Eier mit	2 EL Butter
½ TL Salz, 4 EL Milch und	1 Glas Heidelbeeren
4 EL Instant Haferflocken gut verschlagen	Puderzucker

Ein Viertel der Eiermasse in heißer Butter von beiden Seiten goldbraun backen, dabei vor dem Wenden etwas Butter in die Pfanne geben. Pfannkuchen auf vorgewärmter Platte warmhalten.

Restliche Eimasse auf die gleiche Weise verarbeiten.

Pfannkuchen mit Heidelbeeren bestreichen, zusammenklappen und mit Puderzucker bestreut servieren.

Thüringische Bratäpfel

8 große Äpfel (à ca. 200 g) waschen, Kernhaus ausstechen	20 g Butter
	4 EL brauner Zucker
3 Gläser Heidelbeeren	

Alu-Folie auf ein Backblech legen, die Folie einfetten, Äpfel daraufsetzen. In jeden Apfel 2 EL Heidelbeeren füllen, Butterflöckchen obenaufsetzen und die Äpfel mit Zucker bestreuen.

Im vorgeheizten Backofen auf der mittleren Schiene bei 220° C ca. 25 Minuten braten.

Kohl und Kraut — Aus dem Inhalt

Ungarische Weinkrautsuppe 7   Szegediner Krautsuppe 8   Krautsuppe 8   Elsässische Krautsuppe 8   Schtschi posstnié/Fasten-Krautsuppe 9   Saure Schtschi 9   Selianka s'kapusste/Krautsuppe 9   Russische Krautsuppe 10   Krauteintopf mit Rauchfleisch 10   Eintopf Moskauer Art 11   Krautsalat mit Bananen 12   Krautsalat mit Speck und Zwiebeln 13   Krautsalat 13   Krautsalat mit Ananas 13   Krautsalat mit Schinken 14   Rettichsalat mit Weinkraut 14   Salat Colmar 15   Krautsalat mit Paprika 15   Krautauflauf nach Großmutter Art 16   Krautragout 19   Bratwürstchen mit Kraut 19   Gulaschtopf 20   Frikadellen mit Kraut 20   Bauernkraut 21   Weinkraut garniert 22   Krautkrustchen 22   Krautrouladen 23   Krautpastete 23   Gepökeltes Eisbein mit Kraut 24   Krautauflauf 24   Rippenbraten mit Weinkraut auf Mecklenburger Art 25   Ananas-Weinkraut mit Kasseler Rippenspeer 26   Leber säuerlich mit Ananas-Weinkraut 26   Bayerische Leberknödel auf Topf-fit Kraut 29   Moskauer Soljanka 29   Berliner Schlachtplatte 30   Kartoffelpüree mit Weinkraut 30   Gefüllte Geflügelkeulen auf Weinkraut 31   Badische Ente mit Topf-fit Kraut 32   Fasan auf Weinkraut 33   Weinkraut mit Austern 33   Elsässer Makrele 34   Wareniki mit Kohlfülle 35

— **Coupon** — — — — — — — — — — — —

Die Kühne Kochbücher gefallen Ihnen?
Wir schicken Ihnen gern noch weitere!

Bitte ankreuzen | Bitte ankreuzen | Bitte ankreuzen

Kohl und Kraut Rezept-Ideen von und mit Kühne

Die besten Saucen zu Fleisch und Salat
Raffiniertes mit Saucen und Dressings von und mit Kühne

Pikantes und Herzhaftes mit feinsauren Delikatessen von Kühne

Saucen zu Fleisch und Salat — Aus dem Inhalt

Gebackene gefüllte Zwiebeln 7 Herrenschnitten 8 Quarkeier 8 Gebackene Eier mit Remouladensauce 9 Eierfrikassee mit Champignons 9 Tomatentopf nach Florentiner Art 8 Tomaten in Meerrettichsauce 10 Pilzschnitzel 10 Prager Art 10 Wiener Art 10 Italienische Art 10 Schweizer Art 10 Gegrillte Pilzhüte 11 Kartoffeln in Folie 11 Kartoffelsalat mit Piccalilli 11 Bauernsalat 12 Zigeunersalat 12 Ungarisches Kraut 12 Kräuter-Roastbeef 14 Minutensteaks 15 Steak vom Grill 15 Mexikanisches Steak 16 Bohnensalat 16 Steaks in Piccalilli-Marinade 19 Porterhouse-Steak 19 Schnitzel mit Ananas und Mandarinen 20 Meerrettichsauce 20 Friesisches Pökelfleisch 21 Tafelspitz nach Gutsherrn Art 21 Fondue Bourgignonne 22 Pikanter Kartoffelsalat 22 Fondue 23 Ungarische Wurstspieße 23 Pikante Spareribs 24 Gebackene Shrimps 24 Heilbutt mit pikanter Sauce 25 Hanseatenroulade 25 Schellfisch vom Grill mit Sahnemeerrettich 26 Fischfrikadellen 26 Spaghetti der Piraten 29 Pasta asciuta 30 Maultauschen 30 Tacos 31 Guacamole 31 Risotto à la milanese 31 Reispfanne mit Lauch 32 Reis mit roten Bohnen 32 Knoblauchmayonnaise, Sauce Aioli 33 Sardellenmayonnaise mit Kaviar 33 Kräutermayonnaise mit harten Eiern 33

Coupon

Einfach ausschneiden – in einen Umschlag stecken – je Buch DM 1.80 beilegen – und als Drucksache senden an:

**Rezeptdienst
Carl Kühne KG
Postfach 50 09 09
2000 Hamburg 50**

Name:

Straße:

PLZ/Ort: